Vorwort

Käsekuchen gehören zu den absoluten Lieblingskuchen. Sie sind einfach zu backen und haben das ganze Jahr über Saison. Ob mit oder ohne Rosinen, ob klassisch oder fruchtig aufgepeppt – in fast jeder Familie gibt es ein Rezept, das über Generationen weitergegeben wird und auf keiner Kaffeetafel fehlen darf.

Wer nun denkt, Käsekuchen sei langweilig, da er ja immer aus Boden und Käsemasse bestehe, der irrt! Die Fülle von Variationsmöglichkeiten zeigt sich bereits beim Käse: Neben dem traditionellen Quark können auch Mascarpone, Ricotta, Schmand oder – wie beim amerikanischen Cheesecake – Frischkäse verwendet werden. Auch der Kuchenboden verlangt nach Abwechslung: Versuchen Sie es einmal mit einem Keksboden aus Schoko-, Nuss- oder Vollkornkeksen als Alternative zu klassischem Mürbe- oder Hefeteig – oder lassen Sie den Boden gleich ganz weg. Auch bei Belag und Guss können Sie nach Belieben variieren, z. B. mit frischen oder getrockneten Früchten, Nüssen, Schokolade oder Sahne.

Mit den unwiderstehlichen Rezepten in diesem Buch möchte ich Sie zum Nachbacken verführen. Auch wenn Sie Ihren persönlichen Favoriten bereits gefunden haben: Probieren Sie einmal etwas Neues, denn bei Käsekuchen dürfen es auch mehrere Lieblingskuchen sein!

Viel Freude beim Backen
wünscht Ihnen
Elisabeth Bangert

Ratgeber

Zutaten

Quark

Dieser Sauermilch-Frischkäse entsteht durch Gerinnung von pasteurisierter Kuhmilch mittels Milchsäurebakterien. Er ist im Handel in unterschiedlichen Fettgehaltsstufen (Fett in Trockenmasse) erhältlich: mit 40 % (Fettstufe), 30 % (Dreiviertelfettstufe), 20 % (Halbfettstufe) 10 % (Viertelfettstufe) oder unter 10 % (Magerstufe). Wenn nicht anders angegeben, eignet sich zum Backen am besten die Magerstufe. Quark wird vor dem Abpacken glatt gerührt und hat eine homogene Beschaffenheit.

Lassen Sie den Quark vor der Verwendung zum Kuchenbacken abtropfen, indem Sie ein Mulltuch in ein Sieb legen und den Quark hineingeben. Stellen Sie das Sieb auf eine Schüssel und lassen Sie den Quark im Kühlschrank abtropfen. Wenn Sie den Quark danach durch ein Sieb streichen, wird er besonders locker und kann gut weiterverarbeitet werden.

Schichtkäse

Ähnlich wie Quark ist Schichtkäse ein Sauermilch-Frischkäse aus Kuhmilch. Er wird vor dem Abpacken jedoch nicht gerührt, sondern geschnitten. Dadurch hat er mehrere Fettgehaltsstufen. Im Schnitt enthält er 10 % Fett i. Tr. Im Geschmack ist er etwas intensiver und hat eine festere Konsistenz als Quark.

Frischkäse

Frischkäse ist in verschiedenen Fettgehaltsstufen erhältlich, die alle zum Backen gut geeignet sind. Je höher der Fettanteil, desto cremiger wird der Kuchen. Zum Backen eignen sich alle Frischkäsesorten mit neutralem Geschmack. Zur Herstellung von amerikanischem Cheesecake wird traditionell die Doppelrahmstufe (Fettgehalt 60 – 85 %) verwendet.

Ricotta

Für diesen italienischen Frischkäse aus Kuh- oder Schafmilch wird die Molke erhitzt und mit Zitronensäure versetzt. Das Molkeneiweiß setzt sich an der Oberfläche ab und wird abgeschöpft. Von der Konsistenz her ist Ricotta im Vergleich zum deutschen Quark oder Schichtkäse wesentlich trockener und krümeliger. Er ist fettarm und besonders aromatisch. Wenn Sie Ricotta zum Backen von klassischem Käsekuchen verwenden möchten, sollten Sie ihn mit etwas Milch oder süßer Sahne cremig rühren.

Mascarpone

Dieser besonders fette Frischkäse aus Italien hat einen milden Geschmack. Er wird aus Sahne hergestellt, die man erhitzt, durch Säure gerinnen und danach abtropfen lässt. Traditionell wird Mascarpone zur Herstellung von Tiramisu eingesetzt. Man kann ihn aber auch für Käsekuchen verwenden, der dadurch besonders cremig wird.

Schmand

Schmand ist ein stichfestes Milchprodukt, das aus süßer Sahne gewonnen wird. Nach der Zugabe von Milchsäurebakterien entsteht durch die Gärung saure Sahne. Der Fettgehalt liegt zwischen 20 und 29 %. Seine Stichfestigkeit erhält Schmand einerseits aufgrund der Verdickung durch die Milchsäurebakterien, andererseits durch die Zugabe von Stabilisatoren und Verdickungsmitteln.

Kekse für Keksböden

Zur Herstellung von Keksböden sind alle trockenen Kekse, wie z. B. Butterkekse, Zwieback, Löffelbiskuit, Vollkornkekse oder Schokoladenkekse, gut geeignet. Die Kekse werden am besten in einen stabilen Gefrierbeutel gegeben und mit einer Teigrolle zerkleinert. Danach vermengt man die Brösel mit weicher oder zerlassener Butter bzw. Margarine. Das Verhältnis zwischen Keksbröseln (denen auch gemahlene Nüsse oder Mandeln hinzugefügt werden können) und Butter ist ungefähr 2:1. Je nach Sorte (z. B. bei Zwieback) wird dem Teig eventuell noch etwas Zucker zugefügt.

Backformen

Spring- und Tarteform

Zum Backen von Käsekuchen sind Springformen am besten geeignet. Sie sind in verschiedenen Ausführungen und mit unterschiedlichem Durchmesser erhältlich. Besonders empfehlenswert sind Backformen mit keramischer Beschichtung. Sie sind sehr strapazierfähig, langlebig und im Hinblick auf eventuelle chemische Reaktionen zwischen Teig und Beschichtung bzw. Metall unbedenklich. Auch beschichtete Springformen sollten gut eingefettet werden.

Tarteformen eignen sich besonders für herzhafte Rezepte. Jedoch lässt sich das Gebäck nicht so leicht herauslösen, wie bei einer Springform. Deshalb sollten Sie die Tarteformen unbedingt mit Butter einfetten und mit Mehl ausstreuen.

Kleine Backformen

Viele der vorliegenden Rezepte können auch als Törtchen gebacken werden. Die Vielfalt an geeigneten Materialien und Ausführungen ist bei kleinen Backformen jedoch nicht sehr groß. Verwendet werden können kleine Tartelettformen oder auch Muffinformen sowie Törtchenformen aus Silikon.

Backblech

Käsekuchen mit Mürbeteig- oder Hefeteigboden lassen sich auch gut auf dem Backblech backen. Für Kuchen mit Keksteigboden sind Springformen aber besser geeignet. Kleiden Sie das Backblech vor dem Belegen am besten mit Backpapier aus oder fetten Sie es gut ein.

Tipps für den Mürbeteig:

- Die Zutaten zur Herstellung von Mürbeteig sollten möglichst kalt sein. Das Fett sollte bis zuletzt im Kühlschrank aufbewahrt werden.
- Mürbeteig sollte man vor der Verarbeitung unbedingt kühlen. Die Mindestzeit beträgt 30 Minuten, besser sind 2 Stunden. Im Idealfall lässt man den Mürbeteig über Nacht im Kühlschrank liegen, insbesondere wenn die Zutaten mit einer Küchenmaschine verknetet worden sind. Wer wenig Zeit hat, kann den Teig auch in die Kühltruhe legen.
- Zum Ausrollen kann anstelle von Mehl auch Zucker oder Puderzucker verwendet werden. Dadurch bleibt der Teig geschmeidig und wird nicht so schnell brüchig.
- Nach dem Ausrollen sollte der Mürbeteig bald gebacken werden, damit er sich nicht erwärmt.

Grundrezepte für verschiedene Böden

Die nachfolgenden Grundrezepte können nach Belieben mit einer Käsecreme bestrichen und mit einem Guss ergänzt werden.

Mürbeteigboden

Zutaten:
Für 1 Springform (Ø 26 cm)

100 g Zucker
200 g Butter
300 g Mehl

Die Zutaten lassen sich im Verhältnis Zucker : Butter : Mehl = 1 : 2 : 3 in der Menge beliebig variieren. Wer möchte, kann dem Teig auch noch 1 Ei hinzufügen, was für den Mürbeteig aber nicht unbedingt notwendig ist.

Zubereitung:

1. Die Butter und den Zucker zügig miteinander verkneten.
2. Das Mehl auf die Butter-Zucker-Masse sieben und einarbeiten. Gut geeignet dafür ist ein Teigschaber oder ein Messer, mit dem der Teig durchgehackt wird.
3. Alles zu einem homogenen Teig verarbeiten. Aus dem Teig eine Kugel formen. Die Teigkugel in Alufolie wickeln und mindestens 30 Minuten im Kühlschrank kühlen.
4. Den Teig auf einer bemehlten Arbeitsfläche ausrollen und mit dem Teig eine eingefettete Backform auskleiden.
5. Wer einen knackigen Kuchenboden bevorzugt, kann diesen vor dem Befüllen mit einer Quarkcreme blindbacken. Dazu wird der Teigboden mit Backpapier und trockenen Hülsenfrüchten (Erbsen, Linsen, Bohnen) belegt und bei 180 °C (Umluft 160 °C) 10–20 Minuten gebacken.

Hefeteigboden

Zutaten:
Für 1 Blech

ca. 250 ml Milch
1 Würfel Frischhefe
80 g Zucker
1 Prise Salz
500 g Weizenmehl
80 g weiche Butter

Zubereitung:

1. 100 ml Milch leicht erwärmen. Die Hefe hineinbröckeln und 1 TL Zucker hinzufügen. Alles ca. 15 Minuten stehen lassen, bis die Mischung zu schäumen beginnt.
2. Die restliche Milch erwärmen. Das Mehl in eine Schüssel sieben und in die Mitte eine Mulde drücken. Die Hefemilch hineingeben und den restlichen Zucker sowie das Salz dazugeben. Die Butter in Flöckchen auf dem Rand verteilen. Von außen nach innen alles zu einem geschmeidigen Teig verarbeiten. Dabei nach und nach die restliche Milch angießen.
3. Die Schüssel abdecken und den Teig an einem warmen Ort ca. 20 Minuten gehen lassen.
4. Den Backofen auf 200 °C (Umluft 180 °C) vorheizen. Den Teig auf einer bemehlten Arbeitsfläche ausrollen.
5. Ein Backblech einfetten oder mit Backpapier auslegen. Den Teig darauflegen und dabei einen Rand formen.
6. Danach die Käsecreme auf den Boden streichen und den Kuchen auf der mittleren Schiebeleiste ca. 45 Minuten backen. Sollte der Kuchen zu dunkel werden, kann er mit einem Stück Alufolie abgedeckt werden.
7. Aus dem Ofen nehmen, auf dem Blech abkühlen lassen und in Stücke geschnitten servieren.

Keksteigboden (American Cheesecake)

Der Boden des American Cheesecake wird vorwiegend aus einer Mischung aus Keksbröseln und Butter hergestellt. Der Belag besteht aus einer Frischkäsecreme.

Der Keksteigboden eignet sich sowohl für Käsekuchen, die gebacken werden, als auch für solche, deren Belag im Kühlschrank zum Festwerden gekühlt wird.

Zutaten:
Für 1 Springform (Ø 24 cm)

200 g Kekse (oder eine Mischung aus Keksen und gemahlenen Mandeln oder Nüssen)
100 g weiche Butter

Zubereitung:

1. Die Kekse in einen Gefrierbeutel geben und mit einer Teigrolle zerkleinern.
2. Die weiche Butter mit den Keksbröseln (und gegebenenfalls mit den Nüssen oder Mandeln) verkneten oder die Butter schmelzen und dann auf die Brösel geben und gut vermengen.
3. Eine Springform einfetten und den Teig in die Form drücken, dabei – je nach Belag – einen entsprechenden Rand formen.
4. Die Backform in den Kühlschrank stellen und währenddessen den Belag zubereiten.
5. Den Belag auf den Boden geben, glatt streichen und den Kuchen – je nach Zusammensetzung der Creme – mindestens 2 Stunden im Kühlschrank kühlen oder bei 180 °C (Umluft 160 °C) 45–60 Minuten im Backofen backen.

Grundrezept Käsecreme

Dieses Grundrezept eignet sich als Belag für alle Böden. Sie muss aber unbedingt mitgebacken werden. Für Käsekuchen ohne Backen finden Sie die passende Käsecreme bei dem jeweiligen Rezept.

Zutaten:
Für 1 Springform (Ø 26 cm)

3 Eier
80 g Zucker
1 kg Magerquark
1 EL Vanillezucker
1 Päckchen Puddingpulver Vanille

Nach Belieben:
30 g Rosinen
50 g sonstige Trockenfrüchte, gehackt
1 EL Zitronat oder Orangeat
etwas Likör zum Einweichen

Zubereitung:

1. Falls gewünscht, die Trockenfrüchte in Wasser oder Likör einweichen.
2. Den Backofen auf 180 °C (Umluft 160 °C) vorheizen. Eine Springform einfetten.
3. Die Eier mit dem Zucker in einer Schüssel schaumig rühren.
4. Den Quark abtropfen lassen und portionsweise unterrühren.
5. Den Vanillezucker und das Puddingpulver dazugeben und gut vermischen.
6. Evtl. die Trockenfrüchte ausdrücken und unterheben.
7. Die Masse auf den vorbereiteten Boden in die Springform füllen und ca. 50 Minuten goldbraun backen.

Käsekuchen ohne Boden

Nach dem obigen Grundrezept lässt sich ebenso ein Käsekuchen ohne Boden herstellen. Hierfür fügen Sie bei Schritt 5 zusätzlich 1 TL Backpulver und 50 g Weichweizengrieß hinzu.

Grundrezepte Guss und Streusel

Schmandguss

Zutaten:
Für 1 Springform (Ø 26 cm)

250 g Schmand
40 g Puderzucker

Zubereitung:

1. Den Schmand mit dem Puderzucker verrühren.
2. Den Kuchen 10 Minuten vor Ende der Backzeit herausnehmen und etwas abkühlen lassen.
3. Den Guss auf den Kuchen geben und mit einer Palette gleichmäßig darauf verteilen.
4. Den Kuchen auf der zweiten Schiebeleiste von unten bei gleicher Temperatur fertigbacken.

Guss mit Früchten und Marmelade

Zutaten:
Für 1 Springform (Ø 26 cm)

160 g Fruchtmarmelade
300 g Früchte oder Beeren
(frisch oder tiefgekühlt)
1 Päckchen roter Tortenguss

Zubereitung:

1. Die Früchte mit der Marmelade in einen Topf geben, gut vermischen und erhitzen. 3–5 Minuten unter Rühren köcheln lassen. Vom Herd nehmen und abkühlen lassen.
2. Den Tortenguss mit wenig kaltem Wasser anrühren. Zu den Früchten geben und erhitzen, bis die Mischung andickt.
3. Den Guss auf dem fertig gebackenen Kuchen verteilen und glatt streichen.
4. Den Kuchen kühl stellen, bis der Guss etwas fest geworden ist.

Guss mit Fruchtsaft

Zutaten:
Für 1 Springform (Ø 26 cm)

200 ml Fruchtsaft
3 Blatt weiße Gelatine

Zubereitung:

1. Die Gelatine in etwas Wasser einweichen. Den Fruchtsaft erwärmen.
2. Die Gelatine ausdrücken und im erwärmten Fruchtsaft auflösen.
3. Den Guss vorsichtig auf dem fertig gebackenen Kuchen verteilen und glatt streichen. Danach ca. 60 Minuten im Kühlschrank kühlen.

Schokoladenguss

Zutaten:
Für 1 Springform (Ø 26 cm)

150 g Kuvertüre, zartbitter oder Vollmilch nach Belieben gehackte Haselnüsse, Mandeln oder Walnüsse

Zubereitung:

Die Kuvertüre im Wasserbad schmelzen, etwas abkühlen lassen und den fertig gebackenen Kuchen damit bestreichen oder überziehen. Nach Belieben mit gehackten Nüssen bestreuen.

Streusel

Zutaten:
Für 1 Springform (Ø 26 cm)

150 g Mehl
100 g weiche Butter
100 g Zucker

Zubereitung:

1. Das Mehl mit dem Zucker vermischen und alles mit der Butter verkneten.
2. Die Mischung rasch zu Streuseln verarbeiten und diese nach dem Befüllen des

Tipps zum Gelingen

Käsekuchen fallen nach dem Backen beim Auskühlen meistens etwas ein. Dies ist eher ein optischer Nachteil, denn es ändert nichts am Geschmack des Kuchens. Und wenn Sie den Kuchen ohnehin mit einem Guss (z. B. aus Früchten) überziehen möchten, spielt es keine Rolle, wenn er etwas eingesunken ist. In den meisten Fällen lässt es sich zwar nicht ganz vermeiden, aber mit den nachfolgenden Tipps ein wenig verringern:

- Lassen Sie den Kuchen im ausgeschalteten Backofen bei geschlossener Ofentür abkühlen.
- Lösen Sie den Rand der Backform mit einem Messer 10 – 15 Minuten vor Backende.
- Verwenden Sie Schichtkäse anstatt Quark.
- Verwenden Sie Gelierzucker und Puderzucker anstatt gewöhnlichem Zucker.
- Verringern Sie die Backtemperatur (150 – 180 °C).
- Stecken Sie 2 Makkaroni in die Quarkmasse, damit der heiße Dampf entweichen kann.
- Fetten Sie nur den Boden ein, nicht jedoch den Rand, damit er beim Abkühlen nicht abrutscht.
- Zur Vermeidung, dass der Kuchen zu dunkel wird: Decken Sie den Kuchen mit Alufolie ab.
- Zum Auflockern der Füllung: Heben Sie Eischnee unter die Quarkmasse.

Kuchens mit der Käsecreme auf dem Kuchen verteilen.

3. Den Kuchen anschließend nach Rezeptanweisung backen, bis die Streusel goldgelb sind.

Klassischer Käsekuchen

Zutaten: Für 1 Springform (Ø 24 cm)

Für den Boden:
175 g Weizenmehl
1 Prise Salz
50 g Zucker
1 Ei
120 g kalte Butter

Für den Belag:
500 g Magerquark
50 g Rosinen
2–3 EL Rum
40 g Speisestärke
Mark von 1 Vanilleschote

1 Msp. abgeriebene
 Zitronenschale,
 unbehandelt
100 g Zucker
100 ml süße Sahne

Zubereitung:

1. Alle Zutaten abwiegen und bereitstellen. Die Rosinen in den Rum einweichen. Für den Teig das Mehl mit dem Salz, dem Zucker und dem Ei in eine Schüssel geben. Die kalte Butter in Stücke schneiden und dazugeben. Alles rasch zu einem geschmeidigen Teig verkneten.

2. Den Backofen auf 180 °C (Umluft 160 °C) vorheizen. Die Springform mit Butter einfetten. Den Teig in die Springform drücken und dabei einen Rand formen. Den Boden mehrmals mit einer Gabel einstechen und im Backofen ca. 10 Minuten blind backen.

3. Für den Belag den Quark mit den Rum-Rosinen, der Speisestärke, dem Vanillemark, der abgeriebenen Zitronenschale und dem Zucker in eine Schüssel geben. Alles zu einer gleichmäßigen Creme verrühren. Die Sahne steif schlagen und unter die Creme heben.

4. Die Masse auf den Teigboden geben und glatt streichen. Den Kuchen im Backofen weitere ca. 45 Minuten backen. Sollte der Käsekuchen zu dunkel werden, die Kuchenoberfläche mit Alufolie abdecken. Den Kuchen aus dem Ofen nehmen und in der Form auskühlen lassen.

Tipp:
Sie können
anstatt Weizenmehl
ebenso Weizen-Vollkorn-
mehl oder Dinkel-Vollkorn-
mehl (Type 405) verwenden.
Der Zucker für den Belag
kann durch 100 g Honig
ersetzt werden.

3.

4.

Käsekuchen vom Blech

Zutaten: Für 1 Blech

Für den Boden:
ca. 250 ml Milch
1 Würfel Frischhefe
80 g Zucker
1 Prise Salz
500 g Weizenmehl
80 g weiche Butter

Für den Belag:
1 kg Magerquark
200 g Zucker
50 g Speisestärke
250 ml Milch oder
 süße Sahne
2 Eier
Mark von 1 Vanilleschote
abgeriebene Schale
 von ½ Zitrone,
 unbehandelt

Tipp:
Als Variante können Sie 100 g Rosinen in etwas Rum einweichen, dann ausdrücken und unter die Quarkmasse rühren.

Zubereitung:

1. Für den Teig 100 ml Milch leicht erwärmen. Die Hefe hineinbröckeln, 1 TL Zucker dazugeben und alles ca. 15 Minuten stehen lassen, bis die Mischung zu schäumen beginnt.

2. Die restliche Milch für den Teig leicht erwärmen. Das Mehl in eine Schüssel sieben. In die Mitte eine Mulde drücken und die Hefemilch hineingießen. Den restlichen Zucker sowie das Salz dazugeben. Die Butter in Flöckchen auf dem Rand verteilen. Von außen nach innen alles zu einem geschmeidigen Teig verarbeiten. Dabei nach und nach die restliche Milch für den Teig angießen.

3. Die Schüssel abdecken und den Teig an einem warmen und zugfreien Ort ca. 20 Minuten gehen lassen.

4. Für den Belag den Quark mit dem Zucker, der Speisestärke, der Milch bzw. der Sahne und den Eiern vermischen. Das Vanillemark und die Zitronenschale dazugeben und alles zu einer geschmeidigen Creme verrühren.

5. Den Backofen auf 200 °C (Umluft 180 °C) vorheizen. Den Teig auf einer bemehlten Arbeitsfläche ausrollen.

6. Ein Backblech mit Butter einfetten oder mit Backpapier auslegen. Den Teig darauflegen und dabei einen Rand formen.

7. Den Belag auf den Boden streichen und den Kuchen auf der mittleren Schiebeleiste ca. 45 Minuten backen. Sollte der Kuchen zu dunkel werden, kann er mit einem Stück Alufolie abgedeckt werden.

8. Herausnehmen und auf dem Blech abkühlen lassen. In Stücke geschnitten servieren.

Käsekuchen mit Rosinen und Aprikosen

Zutaten: Für 1 Blech

6 Eier
150 g Zucker
2 kg Magerquark
2 EL Vanillezucker
2 Päckchen Pudding-
 pulver Vanille
2 TL Backpulver
75 g Grieß

100 g getrocknete
 Aprikosen
60 g Rosinen
Puderzucker zum
 Bestäuben

Zubereitung:

1. Den Backofen auf 180 °C (Umluft 160 °C) vorheizen. Ein Backblech mit Backpapier auslegen.

2. Die Eier mit dem Zucker in eine Rührschüssel geben und schaumig rühren. Den Quark abtropfen lassen und nach und nach hinzufügen. Den Vanillezucker, das Puddingpulver, das Backpulver und den Grieß unterrühren.

3. Die Aprikosen hacken und mit den Rosinen unterziehen. Die Masse gleichmäßig auf dem Backblech verteilen und glatt streichen.

4. Im Backofen 50 – 60 Minuten goldbraun backen. Sollte der Kuchen zu dunkel werden, mit Alufolie abdecken.

5. Den Kuchen herausnehmen, abkühlen lassen und mit Puderzucker bestäuben. In Stücke geschnitten servieren.

OHNE *Boden*

Mokka-Käsekuchen

Zutaten: Für 1 Springform (Ø 26 cm)

Für den Boden:
2 Eier
125 g Zucker
125 g Butter
3 EL Milch
250 g Weizenmehl
1 ½ TL Backpulver
75 g Zartbitter-
schokolade

Für den Belag:
4 Eier
1 Prise Salz
1 kg Magerquark
1 TL abgeriebene
Zitronenschale,
unbehandelt
1 Päckchen Pudding-
pulver Vanille

1 TL Speisestärke
200 g Zucker
1 ½ EL frisch
gebrühter
Espresso, kalt
1 EL Kakaopulver

Zubereitung:

1. Den Backofen auf 180 °C (Umluft 160 °C) vorheizen. Für den Boden die Eier mit dem Zucker und der Butter schaumig rühren. Dann die Milch dazugeben und alles gut vermengen.

2. Das Mehl mit dem Backpulver mischen, darübersieben und ebenfalls unterrühren.

3. Die Schokolade grob hacken. Im Wasserbad schmelzen und leicht abkühlen lassen. Die Schokolade in den Teig einrühren.

4. Eine Springform mit Butter einfetten. Den Teig einfüllen und glatt streichen. Im Backofen ca. 10 Minuten vorbacken.

5. Für den Belag die Eier trennen. Die Eiweiße mit dem Salz steif schlagen. Die Eigelbe mit dem Quark, der Zitronenschale, dem Puddingpulver, der Stärke und dem Zucker verrühren. Für die Mokkamasse 4 EL von der Quarkcreme abnehmen und mit dem Espresso und dem Kakao glatt rühren. Den Eischnee unter die restliche Quarkcreme heben.

6. Den Tortenboden aus dem Backofen nehmen, etwas abkühlen lassen und die Quarkmasse darauf verteilen. Die Mokkamasse in einen Gefrierbeutel füllen, eine kleine Ecke abschneiden und die Masse kreisförmig auf die Tortenoberfläche spritzen. Mit Hilfe einer Gabel ein Marmormuster einzeichnen (siehe Abbildung).

7. Die Torte im heißen Backofen 40 – 45 Minuten backen. Die fertige Torte aus dem Ofen nehmen und abkühlen lassen. Den Tortenring entfernen und die Torte in Stücke geschnitten servieren.

Käsekuchen
– aus der Mikrowelle –

Zutaten: Für 1 Form (Ø 20 cm), geeignet für die Mikrowelle

Für den Boden:
200 g Zwieback
100 g Butter

Für den Belag:
250 g Magerquark
250 g Frischkäse
3 Eier
100 g Zucker

20 g Speisestärke
abgeriebene Schale
von 1 Zitrone,
unbehandelt

Für die Glasur:
3 EL Zitronensaft
50 g Lemon Curd
(aus dem Glas)

Zubereitung:

1. Für den Boden den Zwieback in einen Gefrierbeutel geben und mit einer Teigrolle zerkleinern.

2. Die Butter in eine Schale legen und in der Mikrowelle bei 100 Watt ca. 2 Minuten schmelzen.

3. Die Butter mit den Zwiebackbröseln verkneten und in eine mikrowellengeeignete Springform füllen. Aus ca. ⅔ der Menge den Boden formen und andrücken, aus dem Rest einen Rand hochziehen. Den Boden kühl stellen.

4. Den Quark und den Frischkäse zusammen mit den Eiern, dem Zucker, der Speisestärke und der Zitronenschale gut verrühren.

5. Die Masse in die Form füllen und in der Mikrowelle auf mittlerer Stufe 20 Minuten backen. In der Form auskühlen lassen.

6. Für den Guss den Zitronensaft mit dem Lemon Curd verrühren und in der Mikrowelle auf niedriger Stufe ca. 2 Minuten erwärmen. Den Guss auf dem abgekühlten Käsekuchen verteilen. Den Kuchen ca. 2 Stunden in den Kühlschrank stellen.

Eierschecke

Zutaten:

Für 2 Backformen (ca. 15 × 30 cm)
oder 1 Backblech

Für den Hefeteig:

375 g Weizenmehl
1 Päckchen Trockenhefe
50 g Zucker
1 EL Vanillezucker
1 Prise Salz
1 Ei
200 ml lauwarme Milch
50 g weiche Butter

Für den Quarkbelag:

1 Päckchen Pudding-
  pulver Vanille
500 ml Milch

40 g Zucker
Puderzucker zum
  Bestäuben
500 g Magerquark
75 g Sultaninen
3 Eiweiß

Für die Eier-
creme:

4 Eier
125 g weiche Butter
125 g Zucker
15 g Speisestärke
100 g Mandeln,
  gehobelt

Zubereitung:

1. Das Mehl in eine Schüssel sieben und mit der Hefe vermischen. Den Zucker, den Vanillezucker, das Salz, das Ei, die Milch und die Butter hinzufügen. Die Zutaten zu einem glatten Teig verkneten. Zugedeckt ca. 60 Minuten an einem warmen Ort ruhen lassen.

2. In der Zwischenzeit für den Quarkbelag das Puddingpulver mit 3 EL Milch glatt rühren. Die restliche Milch mit dem Zucker in einem Topf zum Kochen bringen und die Puddingmilch einrühren. Kurz aufkochen und andicken lassen. Den Pudding in eine Schüssel geben, mit Puderzucker bestäuben und erkalten lassen.

3. Den Hefeteig aus der Schüssel nehmen. Auf einer bemehlten Arbeitsfläche nochmals kurz durchkneten, dünn ausrollen und zwei eingefettete Backformen (oder ein großes Backblech) damit auskleiden. Den Teig an den Rändern etwas hochdrücken.

4. Den Backofen auf 180 °C (Umluft 160 °C) vorheizen. Den Quark und die Sultaninen unter den erkalteten Pudding rühren. Die Eiweiße zu einem steifen Schnee schlagen und unterheben. Den Quarkbelag auf den Teig streichen.

5. Für die Eiercreme die Eier trennen und die Eiweiße in einer Schüssel steif schlagen. In einer anderen Schüssel die Butter mit dem Handrührgerät geschmeidig rühren. Nach und nach den Zucker zur Butter geben und so lange rühren, bis eine homogene Masse entstanden ist. Die Eigelbe nach und nach unterrühren. Den Eischnee auf die Eigelbmasse geben und die Speisestärke darübersieben, beides vorsichtig unterheben. Die Eiercreme auf dem Quarkbelag verteilen, glatt streichen, mit Mandeln bestreuen und den Kuchen 30–40 Minuten im Backofen backen. Herausnehmen und abkühlen lassen. Den Kuchen aus der Backform lösen und in Stücke schneiden. Nach Belieben mit Eierlikör servieren.

1.

2.

3.

*R*ussischer Zupfkuchen

Zutaten: Für 1 Springform (Ø 26 cm)

Für den Boden:
320 g Weizenmehl
150 g Zucker
1 Prise Salz
3 EL Kakaopulver
250 g Butter
1 Ei

Für den Belag:
500 g Magerquark
250 g Mascarpone
4 Eier
2 EL Vanillezucker
150 g Zucker
3 EL Speisestärke

Zubereitung:

1. Das Mehl, den Zucker, das Salz und den Kakao in eine Schüssel geben. Die Butter in Stücken sowie das Ei dazugeben. Mit den Knethaken des Handrührgeräts zu einem geschmeidigen Teig verkneten.

2. Den Teig zu einer Kugel formen, in Frischhaltefolie wickeln und ca. 30 Minuten kühlen. Eine Springform mit Butter einfetten. Den Teig nochmals kurz durchkneten, etwa ⅓ der Teigmenge zurückbehalten. Den restlichen Teig 3–4 mm dünn ausrollen.

3. Eine Springform mit dem Teig auslegen und festdrücken. Eventuell mit einer kleinen Teigrolle in der Form glatt rollen. Den Backofen auf 180 °C (Umluft 160 °C) vorheizen.

4. Den Quark mit dem Mascarpone glatt rühren. Die Eier trennen, die Eigelbe mit dem Vanillezucker, dem Zucker und der Speisestärke verrühren. Die Mischung zu der Quarkmasse geben. Die Eiweiße steif schlagen und unterheben. Die Quarkfüllung auf den vorbereiteten Boden geben und glatt streichen. Den übrigen Teig grob zerpflücken und auf der Käsemasse verteilen. Im Backofen ca. 50 Minuten backen. In der Form auskühlen lassen, herauslösen und servieren.

New York Deli Cheesecake

Zutaten:
Für 1 Springform (Ø 26 cm)

Für den Boden:
250 g Butterkekse
120 g Butter
100 g brauner Zucker

1 Prise Salz
einige Tropfen Vanillearoma
1 Msp. abgeriebene Zitronenschale, unbehandelt

Für den Belag:
800 g Frischkäse
400 g saure Sahne
40 g Speisestärke
120 g Zucker
5 Eigelb

Zubereitung:

1. Den Backofen auf 180 °C (Umluft 160 °C) vorheizen. Für den Boden die Kekse in einen Gefrierbeutel geben und mit einer Teigrolle zerkleinern. Die Butter zerlassen und mit den Keksbröseln und dem Zucker vermischen.

2. Den Boden der Springform mit Backpapier auslegen. Die Keksmasse in die Springform drücken, dabei einen Rand formen. Den Boden im Kühlschrank kühlen.

3. Für den Belag den Frischkäse, die saure Sahne, die Speisestärke, den Zucker, die Eigelbe, das Salz, das Vanillearoma und die Zitronenschale mit einem Schneebesen verrühren. Die Masse auf den Keksboden geben und glatt streichen.

4. Die Form mit Alufolie abdecken. In die Alufolie ein paar Löcher hineinstechen.

5. Den Kuchen 50 – 60 Minuten im Backofen backen. Auskühlen lassen, aus der Form lösen und in Stücke geschnitten servieren.

Besonders köstlich schmeckt der New York Deli Cheesecake, wenn Sie ihn mit einer Kirschsoße servieren!

Kirschsoße

Zutaten:
500 g Schattenmorellen (Glas)
150 g Zucker
2 TL Speisestärke

Zubereitung:

1. Die Schattenmorellen abgießen. Etwas von dem Saft zurückbehalten.

2. Die Kirschen mit dem Zucker und etwas Wasser in einen Topf geben und aufkochen. Die Mischung ca. 3 Minuten köcheln lassen.

3. Die Speisestärke mit etwas Kirschsaft anrühren und zu den Kirschen in den Topf geben. Von der Herdplatte nehmen und unter Rühren andicken lassen. Gegebenenfalls nochmals erhitzen, dabei gut umrühren.

4. Die Kirschsoße abkühlen lassen und zum Cheesecake reichen.

New York Cheesecake

Zutaten: Für 1 Springform (Ø 26 cm)

Für den Boden:
130 g Kekse
80 g weiche Butter

Für die Füllung:
1 Zitrone, unbehandelt
1 Orange, unbehandelt
800 g Frischkäse
150 g Zucker

1 Päckchen Vanille-
zucker
2 EL Speisestärke
2 EL Milch
4 Eier

Für den Guss:
250 g Schmand
40 g Puderzucker

2.

4.

5.

Zubereitung:

1. Für den Boden die Kekse in einen Gefrierbeutel geben und mit einer Teigrolle zerkleinern. Die Brösel mit der Butter zu einem Teig verkneten. Ein Springform mit Backpapier auslegen und den Rand einfetten.

2. Den Teig in die Form geben und mit einer Gabel oder einem Löffel festdrücken. Dabei einen 2 cm hohen Rand herstellen. Den Boden für ca. 10 Minuten in den Kühlschrank stellen.

3. Den Backofen auf 180 °C (Umluft 160 °C) vorheizen. Für die Füllung die Zitrone und die Orange abwaschen, trocknen und die Schale abreiben. Den Frischkäse mit der Schale der Zitrusfrüchte, dem Zucker und dem Vanillezucker vermischen. Die Speisestärke mit der Milch verrühren und dazugeben. Nach und nach die Eier unterrühren.

4. Die Creme auf den Boden geben und glatt streichen. Den Cheesecake im Backofen ca. 45 Minuten backen. Herausnehmen und 10 Minuten abkühlen lassen. Den Ring der Springform entfernen.

5. Für den Guss den Schmand mit dem Puderzucker verrühren und auf den Kuchen geben. Den Guss mit einer Palette auf dem Kuchen glatt streichen.

6. Den Kuchen bei gleicher Temperatur auf der zweiten Schiebeleiste von unten in weiteren 10 Minuten fertig backen. Den Kuchen herausnehmen, abkühlen lassen und vor dem Servieren ca. 3 Stunden im Kühlschrank kühlen.

Tipp:
Der New York Cheesecake ist auch ohne Guss, einfach nur mit Puderzucker bestreut, sehr lecker.

Oreo-Cheesecake

Zutaten:
Für 1 Springform (Ø 26 cm)

Für den Boden:
250 g dunkle Schoko-
  ladenkekse
150 g Butter

Für den Belag:
8 Blatt weiße Gelatine
600 g Frischkäse

1 TL abgeriebene
  Zitronenschale,
  unbehandelt
2 EL Zitronensaft
100 g Zucker
250 ml süße Sahne
1 EL Vanillezucker
300 g Oreo-Kekse

Zubereitung:

1. Für den Boden die Schokoladenkekse in einen Gefrierbeutel geben und mit einer Teigrolle zerkleinern. Die Butter schmelzen und mit den Keksbröseln mischen. Die Masse in eine Springform drücken und dabei einen Rand formen. Den Boden in den Kühlschrank stellen.

2. Für den Belag die Gelatine in kaltem Wasser einweichen. Den Frischkäse mit der Zitronenschale, dem Zitronensaft und dem Zucker verrühren. Die Sahne mit dem Vanillezucker steif schlagen und unter die Frischkäsecreme heben. Die Gelatine tropfnass in einem kleinen Topf bei geringer Hitze schmelzen. Mit etwas Frischkäsecreme verrühren und in die Creme einrühren.

3. Etwa die Hälfte der Creme auf den Keksboden geben und glatt streichen. Die Oreo-Kekse darauflegen. Die übrige Creme darübergeben und glatt streichen. Den Kuchen ca. 4 Stunden im Kühlschrank kalt stellen.

OHNE *Backen*

Lebkuchen-Cheesecake

Zutaten:
Für 1 Springform (Ø 24 cm)

Für den Boden:
150 g Butterkekse
75 g Butter
50 g Mandeln, gemahlen
1 Msp. Zimt, gemahlen

Für den Belag:
½ Zitrone, unbehandelt
250 g Frischkäse
500 g Ricotta
4 Eier

200 g Zucker
2 TL Lebkuchen-
gewürz
2 EL Speisestärke

Zum Dekorieren:
Puderzucker zum
Bestäuben
Lebkuchensterne
Schlagsahne

Zubereitung:

1. Die Springform mit Backpapier auslegen. Für den Boden die Kekse in einen Gefrierbeutel geben und mit einer Teigrolle zerkleinern. Die Butter schmelzen. Die Keksbrösel, die Mandeln und den Zimt mit der Butter verkneten. Den Boden der Springform mit dem Keksteig auskleiden und die Masse fest andrücken. Den Boden kalt stellen.

2. Den Backofen auf 180 °C (Umluft 160 °C) vorheizen. Für den Belag die Schale der Zitrone abreiben und den Saft auspressen. Den Frischkäse mit dem gut abgetropften Ricotta vermischen. Saft und Schale der Zitrone, die Eier und den Zucker dazugeben und alles vermengen. Das Lebkuchengewürz mit der Stärke unterziehen und alles glatt rühren. Die Masse in die Springform füllen und glatt streichen.

3. Im Backofen ca. 60 Minuten backen. Herausnehmen, in der Form auskühlen lassen und mit Puderzucker bestäuben. In Stücke geschnitten servieren. Nach Belieben mit Lebkuchensternen und Schlagsahne dekorieren.

Karamell-Cheesecake

Zutaten: Für 1 Springform (Ø 26 cm)

Für den Boden:
125 g Weizenmehl
50 g Mandeln, gemahlen
50 g Zucker
1 Prise Salz
1 Ei
120 g Butter

Für die Quark-creme:
9 Blatt weiße Gelatine
300 g Magerquark
200 g Frischkäse
2 Eier
2 EL Ahornsirup
150 g Zucker
200 ml süße Sahne

Für die Karamell-soße:
160 g brauner Zucker
150 ml süße Sahne
60 g Butter
2 Orangen

Außerdem:
getrocknete Hülsen-früchte zum Blind-backen
Minzeblättchen zum Dekorieren

Zubereitung:

1. Für den Boden das Mehl mit den Mandeln und dem Zucker mischen. Die Mischung auf eine Arbeitsfläche geben und in die Mitte eine Mulde drücken. Das Salz und das Ei hineingeben und die Butter in Flöckchen auf dem Rand verteilen. Mit den Händen rasch zu einem glatten Teig verkneten. Den Teig zu einer Kugel formen und in Frischhaltefolie wickeln. Ca. 30 Minuten im Kühlschrank kühlen.

2. Den Backofen auf 180 °C (Umluft 160 °C) vor-heizen. Den Mürbeteig auf einer bemehlten Arbeitsfläche in der Größe der Form ausrollen. Eine Springform mit Backpapier auskleiden und mit dem Teig auslegen. Anschließend ein weiteres Blatt Backpapier auf den Kuchenboden legen und mit den Hülsenfrüchten beschweren. Im Backofen ca. 20 Minuten vorbacken und anschließend die Hülsenfrüchte sowie das Back-papier wieder abnehmen.

3. Für die Quarkcreme in der Zwischenzeit die Gelatine in kaltem Wasser einweichen. Den Quark mit dem Frischkäse, den Eiern, dem Si-rup und dem Zucker verrühren. Die Gelatine tropfnass in einem Topf vorsichtig schmelzen und mit 2 EL Käsemasse verrühren. Die Ge-latine unter die restliche Käsecreme mischen. Die Sahne steif schlagen und unterheben. Die Käsecreme auf den ausgekühlten Boden geben und glatt streichen. Für 3 – 4 Stunden in den Kühlschrank stellen.

4. Vom braunen Zucker 4 EL abnehmen und beiseitestellen. Für die Karamellsoße den braunen Zucker bei mittlerer Hitze schmelzen lassen. Die Sahne unter ständigem Rühren angießen. Die Butter dazugeben und bei geringer Hitze ca. 10 Minuten einköcheln lassen, bis die Soße angedickt ist. Etwas abkühlen lassen und auf die Quarkcreme streichen. Den beiseitegestellten Zucker in einer Pfanne karamellisieren. Die Orangen filetieren und hinzugeben. Kurz umrühren und auskühlen lassen. Den Kuchen mit den Filets dekorieren und nochmals 2 Stunden kühl stellen. Den Kuchen in Stücke schneiden und mit Minzeblättchen garnieren.

Lemon-Cheesecake

Zutaten: Für 1 Springform (Ø 26 cm)

Für den Boden:
120 g Vollkornkekse
50 g Haselnusskerne,
  gemahlen
1 Prise Zimt, gemahlen
1 EL Kakaopulver
80 g Butter

Für den Belag:
1 Zitrone, unbehandelt
500 g Crème fraîche
600 g Schichtkäse
150 g Zucker
30 g Speisestärke
2 Eier

2 cl Zitronenlikör
2 Eiweiß
2 EL Puderzucker
½ TL Zimt, gemahlen

Zubereitung:

1. Für den Boden die Kekse in einen Gefrierbeutel geben und mit einer Teigrolle zerkleinern. Mit den Haselnüssen, dem Zimt und dem Kakaopulver vermischen. Die Butter schmelzen und mit der Keksmischung vermengen.

2. Eine Springform mit Backpapier auslegen und die Keksmasse am Boden fest andrücken.

3. Den Backofen auf 180 °C (Umluft 160 °C) vorheizen. Für den Belag die Zitrone heiß abwaschen und die Schale rundherum mit einem Sparschäler oder einem scharfen Messer abschälen. Die Schale in feine Streifen schneiden. Den Saft der Zitrone auspressen. Von der Crème fraîche etwa 150 g abnehmen und kalt stellen. Die restliche Crème fraîche mit dem Schichtkäse, dem Zucker, der Stärke, den Eiern, dem Likör, dem Zitronensaft und der Hälfte der Zitronenschale verrühren.

4. Die Creme auf den Kuchen streichen und im Backofen ca. 45 Minuten goldbraun backen.

5. Währenddessen die Eiweiße mit dem Puderzucker zu steifem Eischnee schlagen. Die Masse in eine Spritztülle füllen. Den Kuchen ca. 5 Minuten vor Ende der Backzeit aus dem Ofen nehmen und am Rand mit 12 Tupfen Baiser bespritzen. Den Kuchen fertig backen, bis die Baisers leicht gebräunt sind.

6. Die übrige Eischneemasse auf ein Backblech mit Backpapier spritzen und ebenfalls backen.

7. Den Cheesecake abkühlen lassen. Die übrige Crème fraîche mit dem Zimt verrühren und in Klecksen auf dem Kuchen verteilen. Mit den restlichen Zitronenstreifen und zerkleinerten Baiserstücken bestreuen und servieren.

Weißer Zupfkuchen mit Heidelbeeren

Zubereitung:

1. Das Mehl mit dem Salz und dem Zucker mischen und auf eine Arbeitsfläche geben. In die Mitte eine Mulde drücken. Die Eigelbe und die Sahne hineingeben, die Butter in Flöckchen auf dem Rand verteilen. Alles mit einem Messer zu kleinen Krümeln hacken und mit den Händen rasch zu einem glatten Teig verkneten. Den Teig zu einer Kugel formen, in Frischhaltefolie wickeln und für mindestens 30 Minuten kühl stellen.

2. Den Backofen auf 200 °C (Umluft 180 °C) vorheizen. Für den Belag die Eier trennen. Die Eigelbe mit dem Quark, dem Sauerrahm, dem Joghurt, der Zitronenschale und dem Puddingpulver glatt rühren. Die Eiweiße mit dem Zucker zu einem steifen Schnee schlagen und unter die Quarkmasse heben.

3. Die Heidelbeeren waschen, trocken tupfen und unterheben. 2/3 des Teigs auf einer bemehlten Fläche in der Größe der Springform ausrollen. Die Springform mit Butter einfetten und mit dem Teig auskleiden. Dabei auch einen Rand formen. Die Quarkmasse auf dem Teig verteilen. Den restlichen Teig in kleine Stücke reißen und auf der Quarkmasse verteilen.

4. Im Backofen 35 – 40 Minuten backen. Den Kuchen aus dem Backofen nehmen, auskühlen lassen und mit Puderzucker bestäubt servieren.

Zutaten: Für 1 Springform (Ø 26 cm)

Für den Boden:
400 g Weizenmehl
1 Prise Salz
100 g Zucker
2 Eigelb
5 – 6 EL süße Sahne
200 g kalte Butter

abgeriebene Schale
 von 1 Zitrone,
 unbehandelt
2 Päckchen Pudding-
 pulver Vanille
75 g Zucker
200 g Heidelbeeren

Für den Belag:
6 Eier
750 g Magerquark
100 g Sauerrahm
150 g Joghurt

Außerdem:
Puderzucker zum
 Bestäuben

Käsekuchen mit Sauerkirschen

Zutaten:

Für 1 Springform
(Ø 26 cm)

500 g Sauerkirschen (Glas)
1 kg Magerquark
125 g weiche Butter
200 g Zucker
1 EL Vanillezucker
4 EL Limettensaft
4 Eier
4 EL Grieß
2 TL Backpulver
1 Päckchen Pudding-
 pulver Vanille
Puderzucker zum
 Bestäuben

OHNE *Boden*

Zubereitung:

1. Den Ofen auf 200 °C (Umluft 180 °C) vorhei-zen. Die Kirschen abgießen und abtropfen las-sen. Den Quark in einem feinen Sieb abtrop-fen lassen.

2. Die Butter mit 100 g Zucker schaumig rühren. Den Vanillezucker und den Limettensaft da-zugeben und zu einer glatten Creme schlagen. Die Eier trennen, die Eigelbe nach und nach unterrühren. Den Grieß mit dem Backpulver und dem Puddingpulver mischen, langsam in die Creme einrieseln lassen und unterheben. Die Eiweiße mit dem restlichen Zucker sehr steif schlagen. Den Quark unterrühren und die Kirschen sowie den Eischnee vorsichtig unter-heben.

3. Die Form mit Butter einfetten. Die Quarkmasse einfüllen, glatt streichen und den Kuchen im Backofen ca. 60 Minuten backen. Sollte der Kuchen zu dunkel werden, kann er beim Ba-cken mit Alufolie abgedeckt werden.

4. Den Kuchen nach dem Backen 30 Minuten in der Form ruhen lassen, vor dem Servieren mit Puderzucker bestäuben.

Käsekuchen mit weißer Schokolade und Heidelbeeren

Zutaten: Für 1 Springform (Ø 24 cm)

Für den Boden:
250 g Haferkekse
150 g Butter

Für den Belag:
250 g weiße Schokolade
1 Vanilleschote
600 g Schmand

80 g Zucker
2 EL Zitronensaft
250 ml süße Sahne
400 g Heidelbeeren

Zubereitung:

1. Für den Boden die Haferkekse in einen Gefrierbeutel geben und mit der Teigrolle zerkleinern. Die Butter schmelzen und mit den Keksbröseln vermischen. Einen Tortenring (Ø 24 cm) auf eine Kuchenplatte setzen und die Keksmasse am Boden andrücken.

2. Für den Belag die weiße Schokolade mit einem Sparschäler in feine Späne hobeln. Davon ca. 3 EL abnehmen und zur Seite stellen.

3. Die Schokolade im Wasserbad schmelzen. Die flüssige Schokolade in eine Schale umfüllen und soweit abkühlen lassen, dass sie noch zähflüssig ist.

4. Die Vanilleschote längs aufschneiden und das Mark herauskratzen. Das Vanillemark mit dem Schmand verrühren. Die noch flüssige Schokolade, den Zucker und den Zitronensaft einrühren. Die Sahne steif schlagen und unter die Creme heben.

5. Die Heidelbeeren abbrausen, verlesen und trocken tupfen. Etwa ¼ der Beeren auf dem Kuchenboden verteilen. Die Creme darauf verteilen und glatt streichen. Die übrigen Beeren auf den Kuchen streuen und leicht eindrücken.

6. Ca. 3 Stunden kalt stellen. Die übrigen Schokoraspel auf den Kuchen streuen, den Tortenring abnehmen und servieren.

2.

3.

4:

5.

Käsekuchen mit weißer Schokolade und Heidelbeeren   33

Himbeer-Käsekuchen im Glas

OHNE *Backen*

Zutaten:
Für ca. 8 Gläser à 250 ml

Für den Boden:
300 g Butterkekse
150 g Butter

Für die Käsemasse:
4 Blatt weiße Gelatine
120 g Frischkäse
200 g Magerquark
3 EL Orangensaft

3 – 4 EL Zucker
100 ml süße Sahne

Für das Kompott:
600 g frische
  Himbeeren
4 EL Zucker
1 EL Zitronensaft

Zubereitung:

1. Die Einmachgläser gründlich reinigen und trocknen.

2. Für den Boden die Kekse in einen Gefrierbeutel geben und mit einer Teigrolle zerkleinern. Die Butter schmelzen und mit den Keksbröseln mischen. Die Keksmasse in die Einmachgläser füllen und fest drücken. 1 – 2 Stunden im Kühlschrank kühlen.

3. Für die Käsemasse die Gelatine in kaltem Wasser einweichen. Den Frischkäse mit dem Quark, dem Orangensaft und dem Zucker verrühren. Die Gelatine tropfnass in einen Topf geben und bei geringer Hitze schmelzen. Mit 2 EL der Frischkäsemasse vermischen und unter die restliche Masse rühren. Die Sahne steif schlagen und unterheben. Anschließend die Masse auf die Keksböden in den Einmachgläsern verteilen und für ca. 2 Stunden in den Kühlschrank stellen.

4. In der Zwischenzeit die Himbeeren verlesen und die Hälfte beiseitestellen. Eine Hälfte mit dem Zucker und dem Zitronensaft mischen. 1 Stunde ziehen lassen.

5. Die gezuckerten Himbeeren in einem Topf zum Kochen bringen und 4 Minuten bei mittlerer Hitze köcheln lassen. Vom Herd nehmen und abkühlen lassen. Das Kompott pürieren und durch ein Sieb streichen. Zum Schluss das Kompott in die Gläser füllen und mit den frischen Himbeeren garnieren.

Kleine Käsekuchen mit Beerensoße

Zutaten:

Für 1 Springform (Ø 24 cm)
bzw. für 8 Törtchen

Für den Boden:
125 g Weizenmehl
2 TL Kakaopulver
75 g Mandeln, gehackt
1 Prise Salz
75 g Zucker
125 g kalte Butter
1 Ei

Für die Füllung:
50 g Rosinen
3 EL Rum
4 Eier

1 kg Magerquark
200 g Zucker
1 Päckchen Pudding-
  pulver Vanille
1 TL abgeriebene
  Zitronenschale,
  unbehandelt

**Für die Soße
und den Belag:**
200 g Himbeeren
200 g Erdbeeren
2 EL Zucker

Zubereitung:

1. Den Backofen auf 180 °C (Umluft 160 °C) vorheizen. Die Rosinen in Rum einweichen.

2. Für den Teig das Mehl auf eine Arbeitsfläche sieben und in die Mitte eine Mulde drücken. Die restlichen Zutaten hineingeben. Mit den Händen rasch zu einem Teig verkneten. Den Teig zu einer Kugel formen, in Frischhaltefolie wickeln und ca. 30 Minuten im Kühlschrank kühlen.

3. Den Teig zwischen 2 Lagen Backpapier dünn ausrollen. Eine Springform einfetten und mit dem Teig auskleiden. Den Boden mit einer Gabel mehrmals einstechen.

4. Für die Füllung die Eier trennen und die Eigelbe mit dem Quark, dem Zucker, dem Vanillepudding und der Zitronenschale verrühren.

5. Die Eiweiße mit einer Prise Salz steif schlagen und mit den Rosinen unter die Quarkmasse heben. Die Füllung auf den Boden geben, glatt streichen und 40 – 50 Minuten goldgelb backen.

6. Den Kuchen auskühlen lassen, mit einem runden, bemehlten Ausstecher (Ø ca. 6 cm) kleine Törtchen ausstechen und diese mit einem kleinen Messer von dem Ausstechring lösen.

7. Für die Soße und den Belag die Himbeeren verlesen. Die Erdbeeren waschen und trocken tupfen. Jeweils 1/3 der Früchte mit dem Zucker und 2 EL Wasser in einem kleinen Töpfchen aufkochen lassen. Pürieren und durch ein Sieb streichen. Die Törtchen mit der Fruchtsoße beträufeln und mit den restlichen Früchten belegen. Sofort servieren.

Käsekuchen mit Himbeeren

Zutaten:
Für 1 kleine, hohe Springform (Ø 20 cm)

Für den Boden:
120 g Biskuitkekse
60 g Butter

Für den Belag:
300 g körniger Frischkäse
200 g Sahnequark (20 – 40 % Fett)
60 g brauner Zucker

50 g Weizenmehl
3 Eier
100 g weiße Schokolade
150 g Himbeeren (tiefgekühlt)

Zubereitung:

1. Für den Boden die Kekse in einen Gefrierbeutel geben und mit einer Teigrolle zerkleinern. Die Butter zerlassen und mit den Keksbröseln vermischen. Die Masse in die Kuchenform füllen und mit einem Löffel gut andrücken. Für den Belag den Frischkäse mit dem Quark verrühren. Vom Zucker ca. 2 EL abnehmen, den übrigen Zucker unter den Quark rühren. Das Mehl und die Eier ebenfalls unterrühren. Die Schokolade grob raspeln und unter die Creme heben.

2. Etwa die Hälfte der Creme auf den Kuchenboden streichen. Die Hälfte der Himbeeren auf der Creme verteilen und mit der übrigen Creme bedecken. Den Backofen auf 200 °C (Umluft 180 °C) vorheizen.

3. Die restlichen Himbeeren mit dem übrigen Zucker in einem Topf leicht erwärmen und pürieren. Vom Herd nehmen und kurz abkühlen lassen.

4. Mit einem Löffel die Himbeersoße in Klecksen auf dem Kuchen verteilen und mit einem Holzspieß ein Marmormuster ziehen. Den Kuchen im Backofen ca. 40 Minuten backen. Danach abkühlen lassen, aus der Form lösen und servieren.

Käsekuchen mit Karamellbananen

Zutaten:
Für 1 Springform (Ø 26 cm)

Für den Boden:
180 g Weizenmehl
2 EL Kakaopulver
50 g Zucker
100 g weiche Butter
1–2 EL süße Sahne

Für den Belag:
4 Eier
1 Prise Salz
200 g Zucker

500 g Frischkäse
500 g Ricotta
2 EL Zitronensaft
2 EL Speisestärke

Für die Karamell-Bananen:
3 Bananen
1–2 EL Zitronensaft
150 g Zucker

Zubereitung:

1. Für den Boden das Mehl und den Kakao mit dem Zucker mischen. Die Butter in Flöckchen und die Sahne dazugeben und daraus rasch einen Mürbeteig kneten. Falls nötig, noch etwas kaltes Wasser oder Mehl hinzufügen. Den Teig in Frischhaltefolie wickeln und ca. 30 Minuten kalt stellen.

2. Den Backofen auf 180 °C (Umluft 160 °C) vorheizen. Eine Springform mit Backpapier auskleiden. Den Teig in der Größe der Form ausrollen und auf den Boden der Backform legen. Mehrfach mit einer Gabel einstechen.

3. Für den Belag die Eier trennen. Die Eiweiße mit dem Salz zu Eischnee schlagen. Die Eigelbe mit dem Zucker schaumig rühren. Den Frischkäse, den Ricotta und den Zitronensaft sowie die Speisestärke einrühren. Den Eischnee unterheben. Die Masse auf den Mürbeteigboden geben und glatt streichen. Im Backofen ca. 1 Stunde backen. Sollte der Kuchen zu dunkel werden, kann man ihn mit Backpapier abdecken.

4. Den fertig gebackenen Kuchen herausnehmen und abkühlen lassen. Die Bananen schälen, schräg in ca. 2 cm lange Stücke schneiden und mit dem Zitronensaft beträufeln. Den Zucker in einer Pfanne unter Rühren karamellisieren lassen. Ein Backpapier auf einem Brett ausbreiten und 3–4 EL Karamell in Fäden darauf verteilen. Zur Seite stellen und trocknen lassen. Die Bananen im restlichen Karamell in der Pfanne schwenken und auf dem Kuchen verteilen. Die getrockneten Karamellfäden vom Backpapier lösen und zum Servieren auf den Kuchen legen.

Heidelbeer-Käsekuchen

Zutaten:
Für 1 Springform (Ø 24 cm)

Für den Boden:
3 Eier
75 g Zucker
1 Prise Salz
50 g Weizenmehl
20 g Speisestärke
20 g Kakao

Für den Belag:
500 g Heidelbeeren
100 g Zucker
6 Blatt weiße Gelatine

Saft und Zesten von
  1 Zitrone, unbehandelt
200 g weiße Schokolade
400 g Frischkäse
300 g Quark
150 g Zucker
2 EL Zitronensaft
200 ml süße Sahne

Zum Dekorieren:
Minzeblättchen

Zubereitung:

1. Den Backofen auf 180 °C (Umluft 160 °C) vorheizen. Für den Boden die Eier trennen und die Eigelbe mit der Hälfte des Zuckers schaumig schlagen. Die Eiweiße mit dem Salz steif schlagen, den restlichen Zucker einrieseln lassen und weiterschlagen, bis die Masse fest ist. Den Eischnee auf die Eischaummasse setzen. Das Mehl mit der Stärke und dem Kakao mischen, darübersieben und alles unterheben.

2. Eine Springform mit Backpapier auskleiden. Die Masse in die Springform geben, glatt streichen und ca. 35 Minuten backen. Herausnehmen, aus der Form lösen und erkalten lassen.

3. Die Heidelbeeren waschen, verlesen und trocken tupfen. Mit dem Zucker und dem Zitronensaft mischen und 30 Minuten ziehen lassen. Anschließend die Beeren in einem Topf zum Kochen bringen und 5 Minuten leise köcheln lassen. Danach auskühlen lassen.

4. Für die Creme die Gelatine in kaltem Wasser einweichen. Die Schokolade grob hacken und im Wasserbad schmelzen. Vom Herd nehmen und abkühlen lassen. Den Frischkäse mit dem Quark, dem Zucker, der Schokolade und dem Zitronensaft verrühren. Die Gelatine tropfnass in einem Topf bei kleiner Hitze schmelzen und vom Herd nehmen. Mit 2 EL Frischkäsemasse verrühren und unter die restliche Frischkäsemasse rühren. Die Sahne steif schlagen und unterheben. Die Hälfte der Heidelbeeren abtropfen lassen und unter die Käsemasse heben.

5. Den Biskuitboden auf eine Kuchenplatte setzen, mit einem Tortenring versehen, die Frischkäsemasse daraufstreichen und für 3 – 4 Stunden in den Kühlschrank stellen. Den Tortenring entfernen, die übrigen Heidelbeeren auf der Kuchenoberfläche verteilen und mit Minzblättchen und Zitronenzesten garniert servieren.

Käsekuchen mit Ingwer und Rhabarber

Zutaten: Für 1 Springform (Ø 28 cm)

Für den Boden:
200 g Butterkekse
80 g weiche Butter

Für den Belag:
5 Blatt weiße Gelatine
500 g Frischkäse

Mark von 1 Vanille-
 schote
1 EL frisch geriebener
 Ingwer
100 g Puderzucker
250 ml süße Sahne
50 ml Orangensaft

Für den Guss:
250 g Rhabarber
2 EL Zucker
1 Päckchen klarer
 Tortenguss

OHNE *Backen*

Zubereitung:

1. Für den Boden die Butterkekse in einen Gefrier-beutel geben und mit einer Teigrolle zerklei-nern. In einer Schüssel mit der weichen Butter vermengen. Eine Springform mit Butter einfet-ten. Die Masse auf den Boden der Springform geben und am besten mit einem Esslöffel gleich-mäßig flach drücken, sodass der gesamte Boden damit bedeckt ist. In den Kühlschrank stellen.

2. Für den Belag die Gelatine in kaltem Wasser einweichen. Den Frischkäse mit der Vanille, dem Ingwer und dem Puderzucker in eine Schüs-sel geben und glatt rühren. Die Sahne steif schla-gen. Den Orangensaft in einen Topf geben und darin die ausgedrückte Gelatine vorsichtig schmel-zen lassen. Die Gelatine mit 2 – 3 EL der Frisch-käsemasse vermischen und zügig in die restliche Creme einrühren. Die Schlagsahne unterziehen und den Belag auf den vorbereiteten Keksboden geben. Glatt streichen und mindestens 3 Stun-den kalt stellen.

3. Für den Guss den Rhabarber waschen, putzen und klein schneiden. Mit ca. 100 ml Wasser und dem Zucker aufkochen und ca. 15 Minuten weich köcheln lassen. An-schließend durch ein Sieb gießen und 250 ml abmessen. Je nach Bedarf noch ein wenig einköcheln lassen oder etwas Wasser angießen. In einem kleinen Topf aufkochen lassen. Den Tortenguss mit 2 EL Wasser anrühren und mit dem Rhabarbersaft ver-mischen. Kurz abkühlen lassen und auf der Torte verteilen. Die fertige Torte im Kühl-schrank weitere 30 Minuten kühlen.

4. Vor dem Servieren aus der Form lösen. Da-zu mit einem Messer vorsichtig am Rand entlangfahren. Den Kuchen vom Rand lösen und den Ring abnehmen. Nach Belieben mit fein geschnittenem Rhabarber garnieren.

Käsekuchen mit Passionsfruchtguss

Zutaten: Für 1 Springform (Ø 26 cm)

Für den Boden:
100 g Roggenkekse
50 g Mandeln, gemah-
   len
100 g Butter

Für den Belag:
5 Blatt weiße Gelatine
1 Orange, unbehandelt
250 g Frischkäse

250 g Ziegenfrischkäse
70 g Zucker
1 EL Vanillezucker

Für den Guss:
8 Passionsfrüchte
200 ml Orangensaft
1 EL Zucker
1 Päckchen klarer
   Tortenguss

OHNE *Backen*

Zubereitung:

1. Für den Boden die Kekse in einen Gefrierbeutel geben und mit einer Teigrolle zerkleinern. Die Keksbrösel mit den Mandeln vermischen. Die Butter schmelzen und darübergeben. Alles gut verkneten und auf den Boden der Springform drücken.

2. Für den Belag die Gelatine in kaltem Wasser einweichen. Die Orange heiß abwaschen, abtrocknen und die Hälfte der Schale mit einem Zestenreißer abziehen. Den Saft auspressen. Den Frischkäse mit dem Ziegenfrischkäse, dem Zucker, dem Vanillezucker und der Orangenschale verrühren. Den Orangensaft erwärmen und die tropfnasse Gelatine darin auflösen. 2–3 EL Creme mit der Gelatine verrühren und unter die Käsecreme heben.

3. Die Käsecreme auf dem Kuchenboden verteilen und glatt streichen. Den Kuchen in den Kühlschrank stellen.

4. Für den Guss die Passionsfrüchte aufschneiden und mit einem Teelöffel aushöhlen. Das Fruchtfleisch mit dem Orangensaft und dem Zucker verrühren und mit dem Tortenguss aufkochen. Den Guss auf der Käsecreme verteilen und den Kuchen ca. 2 Stunden kühlen. In Stücke geschnitten servieren.

Tipp:
Anstatt des Ziegenfrischkäses kann auch gewöhnlicher Frischkäse verwendet werden.

Käsekuchen mit Pfirsich und Kokos

Zutaten:
Für 1 Springform (Ø 20 cm)

Für den Boden:
175 g Vollkornzwieback
100 g Butter
1 EL Vanillezucker

200 g körniger Frischkäse
75 g Zucker
2 EL Zitronensaft
4 EL Kokosflocken
2 cl Kokoslikör

Für den Belag:
400 g Pfirsiche (Dose)
6 Blatt weiße Gelatine
100 g süße Sahne
500 g Magerquark

Zubereitung:

1. Den Boden der Springform mit Backpapier auslegen und den Rand einfetten.

2. Für den Boden den Zwieback in einen Gefrierbeutel geben und mit einer Teigrolle zerkleinern. Die Butter in einem Topf schmelzen lassen, die Keksbrösel und den Vanillezucker hinzufügen und alles gut vermischen. Die Masse in die Springform drücken, dabei einen Rand formen. Im Kühlschrank kühlen.

3. Für den Belag die Pfirsiche abtropfen lassen und in kleine Stücke schneiden. Einen Pfirsich für die Garnitur in dünne Spalten schneiden.

4. Die Gelatine in kaltem Wasser einweichen. Die Sahne steif schlagen. Den Quark und den Frischkäse mit Zucker, Zitronensaft, 2 EL Kokosflocken und Kokoslikör verrühren. Die Gelatine tropfnass in einen kleinen Topf geben und bei geringer Hitzezufuhr vorsichtig auflösen. Die flüssige Gelatine zügig unter die Quarkmasse rühren. Dann die Pfirsichstücke und zuletzt die Sahne unterheben.

5. Die Quarkmasse auf den Keksboden geben und glatt streichen. Den Kuchen mit den Pfirsichspalten garnieren und mit 2 EL Kokosflocken bestreuen. Im Kühlschrank ca. 4 Stunden kühlen.

OHNE *Backen*

Käsekuchen mit Aprikosen

Zutaten:
Für 1 Springform (Ø 26 cm)

Für den Boden:
250 g Weizenmehl
1 Prise Salz
90 g Zucker
125 g Butter
1 Ei

Für den Belag:
480 g Aprikosen (Dose)
500 g Magerquark
75 g Zucker

1 Päckchen Vanille-
  zucker
1 Prise Salz
200 ml süße Sahne
4 Eier
2 EL Stärke
1 Msp. abgeriebene
  Zitronenschale,
  unbehandelt
Puderzucker

Zubereitung:

1. Für den Boden das Mehl auf eine Arbeitsfläche sieben und mit dem Salz und dem Zucker
mischen. In die Mitte eine Mulde drücken.
Die Butter in kleine Stücke schneiden und auf
dem Muldenrand verteilen. Das Ei in die Mitte
geben, ca. 3 EL lauwarmes Wasser dazugeben. Sämtliche Zutaten mit dem Messer gut
durchhacken, sodass kleine Teigkrümel ent-
stehen. Diese mit den Händen rasch zu einem
Teig verkneten und zu einer Kugel formen.
Die Teigkugel in Frischhaltefolie wickeln und
ca. 30 Minuten kühl stellen.

2. Für den Belag die Aprikosen gut abtropfen
lassen und in Scheiben schneiden. Den Quark
mit dem Zucker, dem Vanillezucker und dem
Salz vermischen. Die Sahne, die Eier, die
Stärke und die Zitronenschale dazugeben und
alles gut verrühren. Zum Schluss die Apriko-
senscheiben dazugeben.

3. Den Backofen auf 200 °C (Umluft 180 °C) vorheizen. Die Springform mit Butter einfetten.

Den Teig dünn ausrollen und die Springform
damit auskleiden, dabei einen Rand formen.

4. Die Quarkmasse einfüllen und glatt streichen.
Den Kuchen im Backofen ca. 45 Minuten backen. Herausnehmen und in der Form auskühlen lassen. Nach Belieben mit Puderzucker
bestäuben.

Mango-Käsekuchen

Zutaten: Für 1 Springform (Ø 24 cm)

Für den Boden:
250 g Butterkekse
120 g Butter

Für den Belag:
6 Blatt weiße Gelatine
750 g Magerquark
250 g Frischkäse
75 g Zucker
2 EL Vanillezucker
100 ml Mangosaft
200 ml süße Sahne

Für den Guss und zum Dekorieren:
3 Blatt weiße Gelatine
150 ml Mangosaft
100 ml süße Sahne

OHNE *Backen*

Zubereitung:

1. Für den Boden die Kekse in einen Gefrierbeutel geben und mit einer Teigrolle zerkleinern. Die Butter schmelzen und mit den Keksbröseln vermengen. Eine Springform mit Backpapier auslegen. Die Keksmasse auf dem Boden verteilen, andrücken und kalt stellen.

2. Für den Belag die Gelatine in kaltem Wasser einweichen. Den Quark mit dem Frischkäse, dem Zucker und dem Vanillezucker mischen und glatt rühren.

3. Etwas Mangosaft erwärmen und die Gelatine darin auflösen. Den restlichen Saft einrühren und die aufgelöste Gelatine zügig unter die Quarkcreme rühren. Die Sahne steif schlagen, unterheben und die Creme auf den Keksboden füllen. Die Creme glatt streichen und für mindestens 3 Stunden kalt stellen.

4. Für den Guss die Gelatine in etwas Wasser einweichen. Den Mangosaft mit 50 ml Wasser vermischen und erwärmen. Die ausgedrückte Gelatine darin auflösen. Den Guss vorsichtig auf dem Kuchen verteilen und nochmals mindestens 1 Stunde kühl stellen.

5. Den Kuchen gut gekühlt aus der Form lösen und auf eine Kuchenplatte legen. Die restliche Sahne steif schlagen und in einen Spritzbeutel mit Sterntülle füllen. Den Kuchen mit Sahnerosetten dekorieren. In Stücke geschnitten servieren.

Mini-Käsekuchen mit Aprikosen und Mandeln

OHNE *Boden*

Zutaten:

Für 8–10 Törtchen

700 g Aprikosen (Dose)
125 g weiche Butter
125 g Zucker
2 EL Vanillezucker
3 Eier
500 g Magerquark
30 g Weichweizengrieß
50 g Mandeln,
 gemahlen

1 TL abgeriebene
 Zitronenschale,
 unbehandelt

Außerdem:

Butter und Semmelbrö-
 sel für die Förmchen
20 g Mandelblättchen
Puderzucker zum
 Bestäuben

Zubereitung:

1. Den Backofen auf 180 °C (Umluft 160 °C) vorheizen. Die Förmchen (Ø ca. 8 cm) mit Butter
   einfetten und mit Semmelbröseln ausstreuen.

2. Die Aprikosen abgießen und abtropfen lassen. Die Butter mit dem Zucker und dem Vanillezucker cremig rühren. Die Eier nacheinander
   hinzufügen. Den Quark, den Grieß, die Mandeln sowie die Zitronenschale unterrühren. Die
   Creme in die Förmchen geben und die Aprikosen hineindrücken. Im Backofen ca. 25 Minuten backen. Danach auskühlen lassen.

3. Die Mandelblättchen in einer Pfanne ohne Fett
   goldbraun rösten. Auf die Törtchen streuen
   und mit dem Puderzucker bestäuben.

Käsekuchen mit Apfel

Zubereitung:

1. Für den Boden das Mehl auf eine Arbeitsfläche sieben und mit dem Zucker und dem Salz vermischen. In die Mitte eine Mulde drücken, das Ei hineingeben und die Butter in Flöckchen auf dem Muldenrand verteilen. Alles mit einem großen Messer durchhacken, dann rasch zu einem glatten Teig verkneten. Den Teig in Frischhaltefolie wickeln und ca. 60 Minuten kalt stellen.

2. Für den Belag die Zitrone heiß abwaschen und abtrocknen. Die Schale abreiben und den Saft auspressen. Die Äpfel waschen, schälen und das Kerngehäuse entfernen. In dünne Spalten schneiden und mit dem Zitronensaft beträufeln.

3. Die Eier trennen und die Eiweiße mit der Hälfte des Zuckers steif schlagen. Die Eigelbe mit dem übrigen Zucker, dem Puddingpulver, dem Quark und der Zitronenschale glatt rühren. Den Eischnee vorsichtig unterheben.

4. Den Backofen auf 220 °C (Umluft 200 °C) vorheizen. Die Springform mit Butter einfetten und mit Mehl ausstreuen.

5. Ca. 2/3 des Teiges auf einer bemehlten Fläche etwas größer als die Kuchenform ausrollen. Den Teig in die Form legen, dabei einen Rand formen und andrücken.

6. Etwas Käsecreme auf dem Boden verteilen und die Apfelspalten darauflegen. Die übrige Creme darauf verteilen und glatt streichen.

7. Im Backofen ca. 60 Minuten backen. Gegen Ende der Backzeit mit Alufolie abdecken, um zu starkes Bräunen zu verhindern. Nach dem Backen auskühlen lassen. Aus der Form lösen und mit Puderzucker bestäubt servieren.

Zutaten:
Für 1 Springform (Ø 26 cm)

Für den Boden:
250 g Weizenmehl
75 g Zucker
1 Prise Salz
1 Ei
140 g Butter

2 säuerliche Äpfel
 (z. B. Boskop)
150 g Zucker
1 Päckchen Puddingpulver Vanille
1 kg Magerquark

Für den Belag:
1 Zitrone, unbehandelt
4 Eier

Außerdem:
Puderzucker zum
 Bestäuben

Schokoladen-Käsekuchen mit Schokotropfen

Zutaten: Für 1 Springform (Ø 26 cm)

Für den Boden:
150 g Semmelbrösel
3 EL Instant-Kaffeepulver
50 g Zartbitterschokolade
  (mind. 70 % Kakaoanteil)
50 g Butter

Für den Belag:
750 g Magerquark
250 g Mascarpone
4 Eier
150 g Zucker
2 cl Kaffeelikör
1 EL Instant-Kaffeepulver
1 Päckchen Puddingpulver
  Schokolade

Zum Garnieren:
100 ml süße Sahne
150 g Schokotropfen, zartbitter
Schokoladeneier nach Belieben

Zubereitung:

1. Für den Boden die Semmelbrösel in einer Schüssel mit dem Kaffeepulver vermengen. Die Schokolade zusammen mit der Butter in einem kleinen Topf schmelzen und mit den Semmelbröseln vermischen. Auf den Boden der Springform geben und andrücken.

2. Den Backofen auf 180 °C (Umluft 160 °C) vorheizen. Die Springform mit Butter einfetten.

3. Für den Belag den Quark mit dem Mascarpone glatt rühren. Die Eier mit dem Zucker cremig rühren. Den Likör leicht erwärmen und darin das Kaffeepulver auflösen. Mit der Eiercreme und dem Puddingpulver unter die Quarkmasse rühren.

4. Die Füllung auf den vorbereiteten Boden geben und glatt streichen. Im Backofen ca. 50 Minuten backen. In der Form auskühlen lassen, anschließend herauslösen.

5. Zum Garnieren die Sahne steif schlagen. Die Schokotropfen auf dem Kuchen verteilen. Die Sahne in einen Spritzbeutel füllen und 12 Tupfer auf den Kuchen spritzen. Nach Belieben mit Schokoeiern garnieren und servieren.

Schokoladen-Käsekuchen

Zutaten:
Für 1 Springform (Ø 26 cm)

Für den Boden:	200 g Zucker
200 g Amaretti	4 Eier
100 g Butter	300 g Vollmilch-Kuvertüre
Für den Belag:	2 cl Mandellikör
800 g Frischkäse	200 g Schatten-
200 g Sauerrahm	morellen (Glas)

Zubereitung:

1. Die Springform mit Backpapier auslegen. Die Amaretti in einen Gefrierbeutel geben und mit einer Teigrolle zerkleinern. Die Butter schmelzen und mit den Keksbröseln vermischen. Die Masse in die Springform geben und andrücken.

2. Den Backofen auf 200 °C (Umluft 180 °C) vorheizen. Den Frischkäse mit dem Sauerrahm, dem Zucker und den Eiern verrühren. Die Kuvertüre im Wasserbad schmelzen und den Likör einrühren. Vom Herd nehmen und etwas abkühlen lassen.

3. Die Kirschen abtropfen lassen und zusammen mit der Schokolade unter die Käsecreme ziehen. Auf dem Boden verteilen und im Backofen ca. 50 Minuten backen. Danach auskühlen lassen, aus der Form lösen und servieren.

Käsekuchen-Brownies

Zutaten:
Für 1 Blech

Für den Boden:
250 g Zartbitter-
  Kuvertüre
250 g Butter
150 g Mehl
250 g brauner Zucker
4 Eier

Für den Belag:
½ Zitrone,
  unbehandelt
600 g Frischkäse
100 g Zucker
1 Päckchen
  Vanillezucker
2 Eier

Zubereitung:

1. Für den Boden die Kuvertüre und die Butter in einen Topf geben und bei geringer Hitzezufuhr unter ständigem Rühren schmelzen. Die Mischung vom Herd nehmen und etwas abkühlen lassen.

2. Den Backofen auf 180 °C (Umluft 160 °C) vorheizen. Das Mehl in eine Schüssel sieben und mit dem braunen Zucker vermischen. 4 Eier hinzufügen und die Schokoladenmasse unterrühren.

3. Für den Belag die Schale der Zitrone abreiben. Mit dem Frischkäse vermischen. Den Zucker, den Vanillezucker und die Eier hinzufügen und alles gut verrühren.

4. Ein Backblech mit Backpapier auslegen. Den Brownie-Teig auf das Blech geben und glatt streichen. Die Käsemasse darüberstreichen.

5. Den Kuchen ca. 30 – 35 Minuten backen. Herausnehmen, abkühlen lassen und in Stücke geschnitten servieren.

Espresso-Käsekuchen mit Schokolade

Zutaten: Für 1 Springform (Ø 26 cm)

Für den Boden:
70 g Butter
70 g Zucker
1 Ei
100 g Weizenmehl
40 g Mandeln, gehackt
1 Msp. Backpulver
3 EL Milch

Für den Belag:
10 Blatt weiße Gelatine
200 g weiße Schokolade
700 g Magerquark
2 EL Zitronensaft
50 g Zucker
150 ml süße Sahne
4 EL gebrühter Espresso

2–3 EL Kakao
250 ml süße Sahne
3 EL Puderzucker

Außerdem:
Hülsenfrüchte zum
    Blindbacken
dunkle Schokoladen-
    späne zum Garnieren

Zubereitung:

1. Den Backofen auf 180 °C (Umluft 160 °C) vorheizen. Die Springform mit Backpapier auskleiden.

2. Für den Boden die Butter mit dem Zucker cremig rühren, das Ei dazugeben und ebenfalls unterrühren. Das Mehl mit den Mandeln, dem Kakao und dem Backpulver mischen und mit der Milch abwechselnd unter die Buttermasse rühren. Den Teig in die vorbereitete Form füllen und glatt streichen. Mit den Hülsenfrüchten belegen und im Backofen 15 – 20 Minuten blind backen.

3. Den fertig gebackenen Boden aus dem Backofen nehmen, die Hülsenfrüchte herunternehmen und erkalten lassen.

4. Für den Belag die Gelatine in kaltem Wasser einweichen. Die Schokolade grob hacken, im Wasserbad schmelzen und danach etwas abkühlen lassen. Den Quark mit dem Zitronensaft und Zucker verrühren. Die Gelatine in der noch warmen Schokolade auflösen und mit der Quarkmasse verrühren. Die Sahne steif schlagen und unterheben.

5. Den Boden mit 2 EL Espresso tränken und die Käsecreme darauf verteilen. Mit Kakao bestäuben und für 4 Stunden in den Kühlschrank stellen. Die Sahne mit dem Puderzucker steif schlagen und dabei nach und nach den restlichen Espresso einlaufen lassen. Die Sahne auf der Torte locker verteilen und mit Schokoladenspänen garniert servieren.

Orangen-Schoko-Cheesecake

Zutaten:
Für 1 Tarteform (Ø 24 cm)

Für den Boden:
170 g Weizenmehl
50 g Kakaopulver
70 g Rohrzucker
1 Ei
125 g kalte Butter

2 EL Vanillezucker
80 g Rohrzucker
2 Eier
3 EL Weizenmehl

Für den Belag:
300 g Frischkäse
300 g Mascarpone
Saft von 1 Orange

Außerdem:
70 g Vollmilch-Schoko-
    raspel zum Bestreuen

Zubereitung:

1. Das Mehl mit dem Kakaopulver auf eine Arbeitsfläche sieben. Den Zucker hinzufügen und in die Mitte eine Mulde drücken. Das Ei hineingeben und die Butter in Flöckchen auf dem Muldenrand verteilen. Alles mit einem Messer durchhacken und zu einem glatten Teig verkneten. Nach Bedarf noch etwas Mehl oder kaltes Wasser hinzufügen. Den Teig in Folie gewickelt ca. 40 Minuten im Kühlschrank ruhen lassen.

2. Für den Belag den Frischkäse mit dem Mascarpone, dem Orangensaft, dem Vanillezucker und dem Zucker verrühren. Die Eier abwechselnd mit dem Mehl unterrühren.

3. Den Backofen auf 200 °C (Umluft 180 °C) vorheizen. Die Tarteform mit Butter einfetten. Den Teig auf einer bemehlten Fläche etwas größer als die Form ausrollen. Die Tarteform mit dem Teig auskleiden, dabei einen Rand formen.

4. Die Creme auf dem Boden glatt streichen und ca. 40 Minuten backen. Nach dem Abkühlen mit den Schokoraspeln bestreut servieren.

Käsekuchen mit Schokokeksen

OHNE *Backen*

Zutaten:
Für 1 Springform (Ø 26 cm)

Für den Boden:
200 g Vollkornkekse
2 – 3 EL Kakaopulver
1 Prise Zimt
70 g Butter

Für den Belag:
400 g Mascarpone
200 g Vanillejoghurt
2 EL Zitronensaft
125 g Zucker
Mark von 1 Vanilleschote

100 ml süße Sahne
100 g Schokoladen-
   kekse

Zum Dekorieren:
70 g Zartbitter-
   schokolade
gefüllte Schokoladen-
   kekse
einige Minze-
   blättchen

Zubereitung:

1. Für den Boden die Vollkornkekse in einen Gefrierbeutel geben und mit einer Teigrolle zerkleinern. Die Keksbrösel mit dem Kakaopulver und mit dem Zimt vermischen. Die Butter schmelzen, darübergeben und alles verkneten. Die Masse auf den Boden der Springform geben und andrücken.

2. Für den Belag den Mascarpone mit dem Vanillejoghurt, dem Zitronensaft, dem Zucker und dem Vanillemark verrühren. Die Sahne steif schlagen und unterheben.

3. Die Kekse in grobe Stücke brechen. Etwas Creme auf den Tortenboden streichen und einige Keksstücke darauflegen. Auf diese Weise die Creme und die Kekse auf dem Boden verteilen.

4. Den Kuchen mindestens 3 Stunden in den Kühlschrank stellen.

5. Für die Dekoration die Schokolade im Wasserbad schmelzen. Die flüssige Schokolade mit einigen Keksstücken auf dem Kuchen verteilen. Mit den Erdbeeren und der Minze garniert servieren.

Schokoladen-Käsekuchen mit Mandarinen

Zutaten: Für 1 Springform (Ø 26 cm)

Für den Boden:
250 g Weizenmehl
75 g Zucker
1 Prise Salz
1 Ei
160 g Butter

Für den Belag:
2 Dosen Mandarinen
  (à 312 g)
75 g Zartbitter-Kuvertüre
3 Eier
1 kg Magerquark
120 g Zucker
1 EL Vanillezucker
1 EL Speisestärke

Außerdem:
2 EL Puderzucker
  zum Bestäuben

Zubereitung:

1. Für den Teig das Mehl auf eine Arbeitsfläche sieben und mit dem Zucker und dem Salz mischen. In die Mitte eine Mulde drücken und das Ei hineingeben. Die Butter in Flöckchen auf dem Muldenrand verteilen. Mit einem Messer sämtliche Zutaten krümelig hacken und mit den Händen rasch zu einem glatten Teig verarbeiten. Den Teig zu einer Kugel formen und in Frischhaltefolie gewickelt für 30 Minuten in den Kühlschrank legen.

2. Den Backofen auf 180 °C (Umluft 160 °C) vorheizen. Für den Belag die Mandarinen gut abtropfen lassen. Die Schokolade grob hacken und im Wasserbad schmelzen. Die Eier trennen und die Eiweiße mit einer Prise Salz steif schlagen. Den Quark mit den Eigelben, dem Zucker, dem Vanillezucker und der Stärke verrühren. Die leicht abgekühlte, flüssige Schokolade einrühren. Den Eischnee nach und nach unterheben.

3. Die Springform mit Butter einfetten. Den Mürbeteig auf einer bemehlten Arbeitsfläche in der Größe der Form ausrollen und die Form damit auskleiden. Die Mandarinen (bis auf 2 EL für die Garnitur) unter die Quarkmasse heben. Die Masse auf den Boden geben und gleichmäßig darauf verteilen. Im Backofen ca. 40 Minuten backen.

4. Den fertig gebackenen Kuchen aus dem Backofen nehmen und auskühlen lassen. Den Kuchen vorsichtig aus der Form lösen. Die restlichen Mandarinen in der Mitte anordnen und den Kuchen mit Puderzucker bestäubt servieren.

Pistazien-Käsekuchen

Zutaten: Für 1 Springform (Ø 26 cm)

Für den Boden:
250 g Weizenmehl
75 g Zucker
1 TL abgeriebene Zitronenschale, unbehandelt
1 Prise Salz
1 Ei
140 g Butter

Für die Füllung:
250 g Pistazien
1 Orange, unbehandelt
5 Eier
500 g Magerquark
400 g Schmand
250 g Zucker
2 EL Speisestärke

Für den Belag:
150 g süße Sahne

Zubereitung:

1. Für den Teig das Mehl auf eine Arbeitsfläche sieben. Mit dem Zucker, der Zitronenschale und dem Salz mischen. In die Mitte eine Mulde drücken. Das Ei hineingeben und die Butter in Flöckchen auf dem Muldenrand verteilen. Mit einem Messer alle Zutaten krümelig hacken und mit den Händen rasch zu einem glatten Teig verarbeiten. Den Teig zu einer Kugel formen und in Frischhaltefolie wickeln. Für 30 Minuten im Kühlschrank kühlen.

2. Den Backofen auf 180 °C (Umluft 160 °C) vorheizen. Die Springform mit Butter einfetten. Den Mürbeteig auf einer bemehlten Arbeitsfläche etwas größer als die Springform ausrollen und die Form damit auskleiden.

3. Für die Füllung die Pistazien fein zerkleinern (z. B. mit einem Multihacker). Die Orange heiß abwaschen und trocknen. Die Schale abreiben und den Saft auspressen. Die Eier trennen. Den Quark mit dem Schmand, den Eigelben und dem Zucker glatt rühren. Die Stärke, die Orangenschale und den Orangensaft unterrühren.

Die Eiweiße mit einer Prise Salz steif schlagen und den Eischnee unter die Quarkmasse heben.

4. Die Masse auf den Boden geben und glatt streichen. Im Backofen 45 – 55 Minuten backen. Herausnehmen und auf einem Kuchengitter auskühlen lassen.

5. Für den Belag die Sahne steif schlagen und mit einer Palette auf dem erkalteten Käsekuchen verstreichen. In Stücke schneiden und servieren.

Käsekuchen mit salziger Karamellsoße

Zutaten: Für 1 Springform (Ø 24 cm)

Für den Boden:
200 g Weizenkekse
100 g Butter

Für den Belag:
150 g weiße Kuvertüre

500 g Doppelrahm-
   Frischkäse
250 g saure Sahne
100 g Zucker
4 Eier
Mark von 1 Vanilleschote

**Für die
Karamellsoße:**
100 g Butter
75 g brauner Zucker
75 g Zucker

75 g Zuckerrübensirup
120 ml süße Sahne
Meersalz

Zum Dekorieren:
einige Macadamia-
   Nüsse

Zubereitung:

1. Die Springform mit Backpapier auslegen. Für den Boden die Kekse in einen Gefrierbeutel geben und mit einer Teigrolle zerkleinern. Die Butter schmelzen und die Keksbrösel damit verkneten. Den Boden der Springform mit dem Teig auskleiden. Die Form in den Kühlschrank stellen.

2. Den Backofen auf 180 °C (Umluft 160 °C) vorheizen. Für den Belag die Kuvertüre hacken und im Wasserbad schmelzen. Den Frischkäse mit der sauren Sahne, dem Zucker, den Eiern und dem Vanillemark glatt rühren. Die Kuvertüre etwas abkühlen lassen und dann unterrühren. Die Masse in die Backform füllen und glatt streichen.

3. Im Backofen ca. 40 Minuten backen. Den Backofen ausschalten und den Kuchen weitere ca. 30 Minuten ziehen lassen. Anschließend herausnehmen und auskühlen lassen.

4. Für die Soße die Butter mit dem braunen Zucker, dem Zucker, dem Sirup und der Sahne in einen Topf geben. Unter Rühren aufkochen und etwa 10 Minuten zu einer cremigen Karamellsoße einköcheln lassen. Vom Herd nehmen, mit einer Prise Salz verfeinern und auskühlen lassen.

5. Den Kuchen aus der Form lösen und mit der Karamellsoße übergießen. Nach Belieben ein paar Nüsse in der Soße schwenken. Auf ein Backpapier geben, abkühlen lassen und dann teilweise hacken. Den Kuchen mit den karamellisierten Nüssen garniert servieren.

Kürbis-Amaretti-Käsekuchen

Zutaten:
Für 1 Springform (Ø 28 cm)

Für den Boden:
150 g Amaretti
180 g Butter
100 g gemischte Nüsse
(Pinienkerne, Mandeln,
Haselnüsse)

Für den Belag:
300 g Muskatkürbis
5 Eier
200 g Zucker
500 g Mascarpone
500 g Magerquark
70 g Speisestärke
2 cl Mandellikör
150 g Amaretti

Zubereitung:

1. Für den Boden die Amaretti in einen Gefrierbeutel geben und mit einer Teigrolle zerkleinern. Die Nüsse grob hacken und mit den Amaretti vermischen. Die Butter schmelzen und mit der Mischung vermengen. Die Mischung in eine Springform geben und festdrücken. Dabei einen ca. 3 cm hohen Rand formen.

2. Für den Belag den Kürbis waschen und putzen. In ca. 2 cm große Würfel schneiden und mit wenig Wasser 10–15 Minuten weich kochen. Mit dem Mixer fein pürieren und das Püree auskühlen lassen.

3. Den Backofen auf 200 °C (Umluft 180 °C) vorheizen. Die Eier trennen und die Eiweiße mit der Hälfte des Zuckers zu steifem Eischnee schlagen. Die Eigelbe mit dem übrigen Zucker, dem Mascarpone und dem Quark verrühren. Die Stärke und den Mandellikör unterrühren. Das Kürbispüree unter die Masse mengen und den Eischnee unterheben.

4. Die Creme in die Kuchenform füllen und glatt streichen. Im Backofen ca. 60 Minuten backen.

5. Währenddessen die Amaretti grob zerbröseln und nach ca. 20 Minuten auf den Kuchen streuen. Nach dem Backen auskühlen lassen, aus der Form lösen und servieren.

Käsekuchen mit Mohn und Marzipan

Zutaten: Für 1 Backblech (30 × 40 cm)

Für den Rührteig:
80 g getrocknete Aprikosen
100 ml Apfelsaft
200 g Butter
200 g Zucker
1 TL abgeriebene Zitronenschale, unbehandelt
4 Eier
450 g Weizenmehl
2–3 EL Kakaopulver
2 TL Backpulver
150 ml Milch
150 g Mohnback

Für die Füllung:
500 g Marzipanrohmasse
100 g Puderzucker
2 cl Orangenlikör

Für die Quarkcreme:
4 Eier
500 g Magerquark
500 g Frischkäse
4 cl Kokoslikör
200 g Zucker
1 EL Zitronensaft
1 Päckchen Puddingpulver Vanille
1 Prise Salz

Außerdem:
120 g Kokosflocken zum Bestreuen

Zubereitung:

1. Den Backofen auf 180 °C (Umluft 160 °C) vorheizen. Die Aprikosen in Apfelsaft einlegen.

2. Für den Rührteig die Butter mit dem Zucker und der Zitronenschale cremig rühren. Nach und nach die Eier unterrühren. Das Mehl mit dem Kakao und dem Backpulver mischen. Die Mehlmischung abwechselnd mit der Milch unter die Eiermasse heben.

3. Die Aprikosen abgießen, klein hacken und mit dem Mohnback unter den Teig mischen. Ein Backblech mit Backpapier auslegen. Die Hälfte des Rührteigs auf das Backblech geben und glatt streichen. Im Backofen ca. 10 Minuten vorbacken. Herausnehmen und abkühlen lassen.

4. Für die Füllung das Marzipan mit dem Puderzucker und dem Orangenlikör verkneten. Zwischen 2 Lagen Frischhaltefolie legen und dünn ausrollen. Das Marzipan in breite Streifen schneiden. Diese auf den Teigboden legen.

5. Für die Quarkcreme die Eier trennen und die Eigelbe mit dem Quark und dem Frischkäse verrühren. Den Likör, den Zucker, den Zitronensaft und das Puddingpulver dazugeben und alles gut verrühren. Die Eiweiße mit dem Salz steif schlagen und unter die Käsemasse heben. Die Masse auf dem Marzipan verstreichen. Den restlichen Rührteig esslöffelweise auf der Quarkmasse verteilen und den Kuchen im Backofen weitere ca. 40 Minuten backen. Den fertig gebackenen Kuchen herausnehmen und abkühlen lassen. Mit Kokosflocken bestreuen und in Stücke geschnitten servieren.

Kürbis-Käsekuchen mit Nüssen

Zutaten: Für 1 Springform (Ø 26 cm)

Für den Boden:
100 g Weizenmehl
50 g Haselnüsse, gemahlen
1 EL Kakao
75 g Butter
1 Eigelb
1 Prise Salz
2 EL Zucker

Für den Belag:
400 g Muskatkürbis

4 Eier
100 g Zucker
½ TL Zimt, gemahlen
80 g weiche Butter
700 g Magerquark
3 EL Speisestärke

Zum Dekorieren:
150 g ganze Haselnüsse
4 EL Zucker
Johannisbeeren

Zubereitung:

1. Für den Boden das Mehl auf eine Arbeitsfläche sieben. Mit den Haselnüssen und dem Kakao vermischen. In die Mitte eine Mulde drücken und die Butter in Flöckchen auf dem Muldenrand verteilen. Das Eigelb mit dem Salz und dem Zucker in die Mitte geben. Mit einem Messer alle Zutaten hacken und dann zu einem geschmeidigen Teig verkneten. Den Teig in Frischhaltefolie ca. 30 Minuten kalt stellen.

2. Für den Belag den Kürbis schälen, entkernen und in Würfel schneiden. Mit etwas Wasser ca. 20 Minuten köcheln lassen. Gut abtropfen lassen, pürieren und abkühlen lassen. Die Eier mit dem Zucker und dem Zimt cremig rühren. Die Butter, das Kürbispüree, den Quark und die Speisestärke unterrühren.

3. Den Backofen auf 200 °C (Umluft 180 °C) vorheizen. Die Springform mit Backpapier auslegen.

4. Den Teig auf einer bemehlten Arbeitsfläche ausrollen und damit den Boden der Springform auslegen. Die Käse-Kürbis-Masse einfüllen, glatt streichen und ca. 60 Minuten backen. Den Kuchen in der Form auskühlen lassen. Anschließend aus der Form lösen.

5. Die ganzen Haselnüsse und den Zucker in einer Pfanne vermischen, karamellisieren lassen und auf ein Brett mit Backpapier stürzen. Erkalten lassen und dann grob gehackt über den Kürbiskuchen verteilen. Den Kuchen in Stücke schneiden und mit Johannisbeeren garnieren.

Käsekuchen mit Schokoriegeln

Zutaten:
Für 1 Springform (Ø 24 cm)

Für den Boden:
150 g Gewürzkekse
  (z. B. Spekulatius)
50 g Butter
2 EL Zuckerrüben-
  sirup

2 Eier
20 g Weizenmehl
100 g Mandeln, gehackt
1 EL Vanillezucker
100 g brauner Zucker
5 – 6 Schokoriegel

Für den Belag:
500 g Ricotta
300 g Sahnequark
  (20 – 40 % Fett)

Zum Dekorieren:
150 ml süße Sahne
Schokoriegel nach
  Belieben

Zubereitung:

1. Für den Boden die Kekse in einen Gefrierbeutel geben und mit einer Teigrolle zerkleinern. Die Butter zusammen mit dem Sirup schmelzen und mit den Keksbröseln mischen. Auf den Boden der Springform geben und fest andrücken.

2. Den Backofen auf 200 °C (Umluft 180 °C) vorheizen. Den Ricotta und den Quark verrühren. Nach und nach die Eier zugeben. Das Mehl, die Mandeln, den Vanillezucker und den Zucker dazugeben und alles gut verrühren. Die Schokoriegel auf den Kuchenboden legen. Die Creme darauf verteilen und glatt streichen.

3. Den Kuchen im Backofen ca. 40 Minuten backen. Danach herausnehmen, kurz in der Form abkühlen lassen und aus der Form lösen. Die Sahne steif schlagen und mit Schokoriegeln zum Kuchen reichen.

Schwarzwälder Käsekuchen

Zutaten: Für 1 Springform (Ø 22 cm)

Für den Boden:
150 g Butterkekse
50 g weiche Butter
2 EL Kakaopulver
1 Ei
2 EL Weizenmehl

Für den Belag:
100 g Zartbitter-
  Kuvertüre
3 Eier
1 Prise Salz
500 g Magerquark

250 g Frischkäse
4 cl Kirschschnaps
100 g Zucker
2 EL Vanillezucker
4 EL Speisestärke

Zum Dekorieren:
100 ml süße Sahne
6 – 8 Maraschino-
  kirschen

Zubereitung:

1. Den Backofen auf 180 °C (Umluft 160 °C) vor-heizen. Für den Boden die Kekse in einen Ge-frierbeutel geben und mit einer Teigrolle zer-kleinern. Mit der Butter, dem Kakao, dem Ei und dem Mehl zu einem Teig verkneten. Den Boden der Springform mit Backpapier auslegen. Den Teig in die Springform geben und festdrü-cken. Den Boden kalt stellen.

2. Für den Belag die Schokolade grob hacken, im Wasserbad schmelzen und etwas abkühlen las-sen. Die Eier trennen und die Eiweiße mit dem Salz steif schlagen. Den Quark mit den Eigelben und dem Frischkäse verrühren. Den Schnaps, den Zucker, den Vanillezucker, die Stärke und die Schokolade dazugeben und alles verrühren. Den Eischnee nach und nach unterheben.

3. Die Quarkmasse auf den Boden geben und glatt streichen. Im Backofen ca. 60 Minuten backen. Sollte der Kuchen zu dunkel werden, kann er mit Alufolie abgedeckt werden. Den fertig geba-ckenen Kuchen herausnehmen, auskühlen las-sen und vorsichtig aus der Form lösen.

4. Die Sahne steif schlagen. In einen Spritz-beutel füllen und den Kuchen mit Sahne-tupfern dekorieren. In die Mitte die Mara-schinokirschen setzen.

Kokos-Lychee-Käsekuchen

Zutaten: Für 1 Springform (Ø 26 cm)

5 Eier
1 kg Quark (20 % Fett)
100 ml Lycheesaft
40 g Kokosraspel
100 g Zucker
1 Zitrone, unbehandelt
1 Päckchen Pudding-
pulver Sahne

Zum Dekorieren:
3 EL Honig
1 cl Kokoslikör
10 Lychees
70 g Kokosraspel

Außerdem:
Grieß und Butter für
die Form

OHNE *Boden*

Zubereitung:

1. Den Backofen auf 200 °C (Umluft 180 °C) vorheizen. Die Form mit Butter einfetten und mit Grieß ausstreuen.

2. Die Eier trennen und die Eiweiße zu steifem Eischnee schlagen. Die Eigelbe mit dem Quark, dem Lycheesaft, den Kokosraspeln und dem Zucker verrühren. Die Zitrone abwaschen und trocknen. Die Schale der Zitrone abreiben und den Saft auspressen. Das Puddingpulver, den Zitronensaft und die Zitronenschale unterrühren. Den Eischnee unterheben. Die Creme in die Springform geben und glatt streichen.

3. Den Kuchen im Backofen ca. 50 Minuten backen. Nach ca. 20 Minuten mit Alufolie abdecken. Nach dem Backen auskühlen lassen und aus der Form lösen.

4. Den Honig mit dem Likör erwärmen und den Kuchen damit bestreichen. Die Lychees aus der Schale lösen, entkernen und in die Mitte des Kuchens legen. Die Kokosraspeln in einer Pfanne ohne Fett anrösten, etwas abkühlen lassen und um die Lychees verteilen.

Käsekuchen mit kandierter Orangenschale

Zutaten: Für 1 Springform (Ø 26 cm)

Für den Boden:	**Für den Belag:**	150 g Puderzucker	70 g Grieß
120 g Zwieback	3 Eier	1 Prise Salz	2 Orangen,
50 g weiche Butter	1 kg Magerquark	1 Packung Pudding-	unbehandelt
	100 g flüssige Butter	pulver Vanille	150 g kandierte
		1 TL Backpulver	Orangenschale

Zubereitung:

1. Für den Boden den Zwieback in einen Ge-frierbeutel geben und mit einer Teigrolle zer-kleinern. Die Zwiebackbrösel mit der Butter vermengen. Die Springform mit Backpapier auslegen. Die Masse in die Form geben und auf dem Boden andrücken.

2. Den Backofen auf 180 °C (Umluft 160 °C) vor-heizen. Für den Belag die Eier trennen. Den Quark mit der Butter, dem Zucker, Salz und den Eigelben verrühren. Das Puddingpulver, das Backpulver und den Grieß unterrühren. Die Schale von einer Orange abreiben und hinzufü-gen. Den Saft von allen Orangen auspressen und 2 EL davon zu den Eiweißen geben. Die Eiweiße steif schlagen und unter die Creme heben.

3. Die Creme in die Form füllen und glatt strei-chen. Im Backofen ca. 50 Minuten backen. Soll-te der Kuchen zu dunkel werden, mit Alufolie abdecken.

4. Die kandierte Orangenschale klein würfeln und mit dem restlichen Orangensaft auf-kochen lassen. Den gebackenen Kuchen aus dem Ofen nehmen, die kandierte Oran-genschale darauf verteilen und auskühlen lassen.

Speck-Kümmel-Käsekuchen

Zutaten: Für 1 Springform (Ø 26 cm)

Für den Teig:
250 g Weizenmehl
1 TL Salz
125 g kalte Butter

Für die Füllung:
5 Eier
400 g Sahnequark
1 TL Salz
Pfeffer, aus der
  Mühle

Muskat, frisch gerieben
250 g Bergkäse
150 g durchwachsener
  Räucherspeck
1 EL Kümmelsamen

Außerdem:
getrocknete Hülsen-
  früchte zum Blind-
  backen
2 EL süße Sahne zum
  Bestreichen

Zubereitung:

1. Das Mehl mit dem Salz mischen. In einer Schüssel mit der Butter und 4 EL kaltem Wasser rasch zu einem glatten Teig verkneten. Den Teig in Folie wickeln und ca. 30 Minuten in den Kühlschrank legen. Eine Springform mit Butter einfetten. Den Backofen auf 200 °C (Umluft 180 °C) vorheizen. Ca. ¼ des Teigs beiseitestellen.

2. Den restlichen Teig ausrollen und die Springform damit auskleiden. Den Teigboden mehrmals mit einer Gabel einstechen. Auf den Teig ein Stück Backpapier legen, die Hülsenfrüchte daraufstreuen und ca. 20 Minuten blind backen. Dann Backpapier und Hülsenfrüchte entfernen.

3. Die Eier verquirlen. Den Quark, das Salz, etwas Pfeffer und Muskat verrühren. Den Käse reiben und mit dem gewürfelten Speck, dem Kümmel und dem Quark unterrühren.

4. Die Masse auf dem Boden verteilen. Den zurückbehaltenen Teig zu zwei Strängen von ca. 0,5 cm Dicke ausrollen. Die Teigstränge miteinander verdrehen und um den Rand des Kuchens legen.

5. Den Teigrand mit Sahne bestreichen und in etwa 25 Minuten goldgelb backen. Warm oder kalt servieren.

Kartoffel-Käsetorte

OHNE *Boden*

Zutaten: Für 1 hohe Springform (Ø ca. 22 cm)

400 g festkochende Kartoffeln	½ gelbe Paprikaschote	800 g Magerquark	Salz
100 g geräucherte Speckwürfel	½ rote Paprikaschote	60 g Grieß	Pfeffer, frisch gemahlen
	3 Stängel Thymian	80 g Parmesan, frisch gerieben	Muskat, frisch gerieben
	5 Eier		60 g Gouda

Zubereitung:

1. Die Kartoffeln in kochendem Salzwasser ca. 20 Minuten garen. Die Speckwürfel in einer Pfanne auslassen und knusprig braten. Auf Küchenkrepp abtropfen lassen.

2. Die Paprikaschoten waschen, halbieren, entkernen und in kleine Würfel schneiden. Den Thymian waschen und die Blättchen fein hacken. Die Paprikawürfel in der Speckpfanne kurz anschwitzen und vom Herd nehmen.

3. Die Eier trennen und die Eigelbe mit dem Quark, dem Grieß, dem Speck, der Hälfte des Parmesans, den Paprikawürfeln und dem Thymian verrühren. Mit Salz, Pfeffer und Muskat abschmecken. Das Eiweiß mit einer Prise Salz steif schlagen und unterheben.

4. Die Kartoffeln abgießen, abschrecken, pellen und in Scheiben schneiden. Den Gouda reiben und mit den Kartoffeln mischen.

5. Den Backofen auf 180 °C (Umluft 160 °C) vorheizen. Die Springform mit Backpapier auslegen und die Hälfte der Quarkmasse darauf verstreichen. Für 15 Minuten in den Backofen schieben. Dann mit der Kartoffel-Käse-Mischung belegen, die restliche Quarkmasse daraufgeben und mit dem übrigen Parmesan bestreuen. Weitere 30 – 40 Minuten backen.

6. Den fertigen Kuchen herausnehmen und kurz abkühlen lassen. Vorsichtig aus der Form lösen und in Stücke geschnitten lauwarm oder kalt servieren.

Mini-Käsekuchen mit Lachs

Zutaten:
Für 1 Backform (ca. 25 × 25 cm)

Für den Boden:
ca. 200 g Weizenmehl
1 Prise Salz
1 Ei
100 g Magerquark,
 gut abgetropft
ca. 50 ml Milch
2 EL Pflanzenöl

Für den Belag:
4 Eier
150 ml süße Sahne

2 EL frischer Dill,
 gehackt
400 g Magerquark
150 g Käse (z. B. Gru-
 yère), frisch gerieben
Pfeffer, frisch gemahlen
Muskat, frisch gerieben

Als Beilage:
Räucherlachs
Cracker

Zubereitung:

1. Für den Teig das Mehl in eine Schüssel sieben. Das Salz, das Ei und den Quark dazugeben. Die Milch und das Öl hinzufügen und alles mit den Knethaken des elektrischen Handrührgerätes zu einem glatten Teig verarbeiten. Sollte der Teig zu feucht sein, kann noch etwas Mehl einarbeitet werden. Sollte er zu trocken sein, noch etwas Milch angießen.

2. Den Teig in Frischhaltefolie gewickelt ca. 30 Minute kalt stellen. Den Backofen auf 180 °C (Umluft 160 °C) vorheizen. Die Backform mit Backpapier auslegen.

3. Den Teig auf einer bemehlten Arbeitsfläche in der Größe der Backform ausrollen und in die Form legen.

4. Für den Belag die Eier mit dem Dill, der Sahne und dem Quark verrühren. Den Käse untermischen und mit Salz, Pfeffer und Muskat würzen.

5. Die Masse auf dem Teigboden verstreichen und im Backofen ca. 60 Minuten backen. Rechtzeitig mit einem eingefetteten Backpapier abdecken, damit die Kuchenoberfläche nicht verbrennt.

6. Den fertigen Kuchen herausnehmen, auskühlen lassen und Kreise von ca. 8 cm Ø ausstechen. Nach Belieben mit Räucherlachs und Crackern servieren.

Pikanter Käsekuchen mit Morcheln und Lauch

Zutaten: Für 1 Tarteform (Ø 24 cm)

Für den Boden:
150 g Weizenmehl
40 g Parmesan, gerieben
1 Prise Salz
1 Eigelb
75 g weiche Butter

Für den Belag:
20 g Spitzmorcheln, getrocknet
2 Stangen Lauch
1 EL Butter
2 EL Semmelbrösel
200 g Magerquark

100 g Parmesan, gerieben
100 g Bergkäse, gerieben
2 Eier
100 ml süße Sahne
Salz, Pfeffer

Zubereitung:

1. Das Mehl mit dem Parmesan, dem Salz, dem Eigelb und der Butter in Stücken zu einem geschmeidigen Teig verkneten. Falls nötig, etwas kaltes Wasser hinzufügen. Den Teig in Frischhaltefolie wickeln und ca. 30 Minuten kalt stellen.

2. Währenddessen für den Belag die Morcheln in warmem Wasser ca. 20 Minuten einweichen. Den Lauch längs halbieren, waschen, putzen und in Streifen schneiden. In der Butter 2 – 3 Minuten anschwitzen. Vom Herd nehmen und etwas abkühlen lassen.

3. Den Backofen auf 200 °C (Umluft 180 °C) vorheizen. Die Tarteform mit Butter einfetten. Den Teig ausrollen und die Form damit auskleiden. Den Boden mehrmals mit einer Gabel einstechen und mit den Semmelbröseln bestreuen.

4. Für den Belag die Morcheln abbrausen und gut abtropfen lassen. Den Quark mit dem Käse, den Eiern und der Sahne glatt rühren. Die Morcheln und den Lauch unterziehen. Alles mit Salz und Pfeffer würzen.

5. Die Quarkmasse auf den Tortenboden geben und glatt streichen. Im Backofen in ca. 50 Minuten goldbraun backen. Herausnehmen und noch warm servieren. Dazu nach Belieben einen Spinatsalat reichen.

Register

© 2013 design cat GmbH

Genehmigte Lizenzausgabe
EDITION XXL GmbH
Industriestraße 19
64407 Fränkisch-Crumbach 2015
www.edition-xxl.de

Idee und Projektleitung:
Sonja Sammüller
Layout, Satz und Umschlaggestaltung:
design cat GmbH

ISBN (13) 978-3-89736-179-9
ISBN (10)   3-89736-179-5